VAPOR DOS VAPORES

NILTON BONDER

VAPOR DOS VAPORES

Dicionário de Pensares

Rocco

Copyright © 2025 by Nilton Bonder

Direitos desta edição reservados à
EDITORA ROCCO LTDA.
Rua Evaristo da Veiga, 65 – 11º andar
Passeio Corporate – Torre 1
20031-040 – Rio de Janeiro – RJ
Tel.: (21) 3525-2000 – Fax: (21) 3525-2001
rocco@rocco.com.br
www.rocco.com.br

Printed in Brazil/Impresso no Brasil

Preparação de originais
RAFAEL MEIRE

CIP-BRASIL. CATALOGAÇÃO NA PUBLICAÇÃO
SINDICATO NACIONAL DOS EDITORES DE LIVROS, RJ

B694v

    Bonder, Nilton, 1957-
        Vapor dos vapores : dicionário de pensares / Nilton Bonder. - 1. ed. - Rio de Janeiro : Rocco, 2025.

    ISBN 978-65-5532-531-7
    ISBN 978-65-5595-339-8 (recurso eletrônico)

    1. Pensamento - Filosofia. I. Título.

25-96224   CDD: 153.43
                             CDU: 159.955.6

Gabriela Faray Ferreira Lopes - Bibliotecária - CRB-7/6643

"As nuvens são vestes de anjos,
as brisas seu exalar,
os vapores sua proximidade."

à Djarna Soibelman Bonder

VAPOR DOS VAPORES

Nada é mais volátil do que um pensamento.

Quando o rei Salomão, folcloricamente aclamado como um homem sábio, cunhou o termo "vapor dos vapores" no livro de Eclesiastes, evocava a brevidade e o caráter passageiro da existência. Na tradução para o português de Haroldo de Campos, o autor traduz o termo *hevel havalim* por "névoa de nadas". "Névoa de nadas / disse O-que-Sabe / névoa de nadas / tudo névoa-nada!" (Ecl. 1:1)

Na tentativa de expressar a impermanência da vida e do mundo, o sábio se vale da metáfora de uma emanação brumosa, enevoada, para figurar o vazio precário e transitório que abarca a tudo e a todos.

Nesta coletânea inspiracional, para além do conteúdo de cada verbete-pensamento, há também uma intenção formal: os pensamentos são vaporosos, neblinas que se interpõem entre o interior e o exterior. É nesse nevoeiro que podemos projetar nossa imagem, e é daí que divisamos um espectro de nosso sujeito. Esse eu é um fantasma revestido de pensamento, ou melhor, de pensares.

Escolho essa forma gramatical bastarda para diferenciar um pensamento de um pensar. O pensamento é uma fórmula, uma formulação estruturada por uma lógica, seja ela virtuosa, seja incorreta.

O importante, nesse caso, é que o pensamento se desenhe com uma narrativa encadeada que propõe uma coerência e uma crítica – razão pela qual muitos dos pensamentos atendem à negociação entre a mente e as emoções, comprometendo em diferentes gradações a sua qualidade.

O que é aqui tratado como um dicionário, isto é, com entradas de vocábulos temáticos, não é uma antologia de pensamentos, mas sim de pensares ou devaneios. Para que um pensar se configure, temos que imaginar o mais "névoa-nada" dos ideares, aqueles que nos assolam do nada e que nos fazem perambular por esse nevoeiro até que ele se dissipe. Algo mais próximo ao percorrer do sonho do que projetar desperto; menos uma busca pelo conceito do que pela contemplação. E fazemos isso constantemente, evocando, a partir de impulsos visuais, olfativos ou mesmo da memória, as contemplações pessoais que concorrem para a soma da sensação de ser que experimentamos.

Esse mundo quântico da esfera mental não é feito de pensamentos que seguem linearidades e causalidades, mas de lateralidades que, como ventos de ocasião, misturam umidades e temperaturas do mundo e produzem névoas de devaneio. E não fosse o embaçar ou a opacidade do "nada", nossos pensares atravessariam a realidade, como ocorre com outras espécies para as quais as aparições não se projetam justamente porque lhes falta, tal como se dá com os humanos, onde incidi-las ou contê-las. É essa a exalação do "nada" que percebemos, e é a partir dela que nos tornamos conscientes da existência.

Os devaneios ou pensares não são moções de nosso próprio corpo, catalisados por exposições ao mundo; são como brisas que detectamos no mundo, perturbações que ocorrem neste e não em nós. Foi desses pensares que inventamos os pensamentos, mas num estágio em que estes já nasceram implicados na racionalização, ou seja, visando a utilidade como recurso para fazer avançar o nosso bem e a nossa agenda. Os pensares não apresentam uma intencionalidade tão robusta e se assemelham a flanares ora meditativos, ora contemplativos. Os pensares meditativos têm mais encadeamento, porém sem funcionalidade. Os contemplativos são poéticos e seu foco está mais na forma do que no conteúdo. O importante, no entanto, é a sua compleição. Um pensar nasce lateralmente, refresca, ganha breve feitio, revela sua cepa (que é sua linhagem ou tronco arquetípico) para, então, rapidamente se dissipar – como é da natureza de todo vapor. O pensar deixa assim uma impressão, mais do que uma consequência; mais uma repercussão do que um desfecho. Não há neles qualquer sequela que demande causalidade ou coerência.

A arte de tentar traduzir pensares oriundos da oralidade para a forma escrita é um esforço possivelmente fadado ao fracasso. As derrapagens que se dão entre pensares e pensamentos ocorrem não só da parte do autor, como também do leitor. Permanecer no espaço poético sob a regência de um enlevo (mas com o atrevimento de evocar a mente para essa festa) não é algo trivial. Isso porque aproximar a poesia da prosa é um expediente que se mostra como uma intrusão, coisa que desperta desconfiança e repulsa. O atenuante para essas prosas é que elas não levam a lugar algum, pois é o tal "nada" que blinda os pensares da funcionalidade.

A lateralidade, por sua vez, é como uma fenda por onde a luz difusa penetra e ilumina, por ínfimas frações de momento, o percurso entre si e si mesma. Esse curso da luz inicia uma trajetória cujo fim é o desvanecer e o dissipar daquilo que nunca deixou de ser "nada".

O valor existencial do "nada" é profundamente terapêutico. O "nada" é a química de nossa realidade que, assim como um pensar, é uma emanação sem essência própria, sendo, basicamente, a forma que assume no momento; e banhar-nos de nossa própria substância de "nadas" tem o efeito de sanear e purificar o âmago de nossa alma.

Convido, portanto, a esse passeio cuja arte não está em ensinamentos, mas em como podemos dançar pela mente, trovar pelo imaginário e resistir às conclusões. Quando o verbete-devaneio levá-lo à poesia, resista; e mais ainda se ele levar à prosa. Como disse, isso pode ser uma falta do autor e/ou do leitor. Seja como for, o importante é declinar esse deslize, como se faria numa meditação. Ademais, como em toda arte, a expectativa é de comunicação e não de concordância ou convergência.

A ambição de intervir na leitura do leitor pode parecer um preciosismo; no entanto, é um pedido para que este esteja atento a um olhar artístico – e não meramente sapiencial – deste conteúdo.

Em meu livro *Alma imoral*, relato uma anedota rabínica sobre um sábio que, em seus últimos estertores, é intimado a proferir derradeiras palavras de sabedoria como legado final. O rabino, com muito esforço, diz então que "a vida é como uma xícara de chá!". Num primeiro momento, todos ficam maravilhados com este pensar. Ele não era poético, de alimento exclusivo ao coração; havia também um convite deliberado a tirar a mente para dançar. Essa frase magna se espalha até que alguém resolve implicar com ela: "Mas por que será a vida como uma xícara de chá?" A pergunta volta ao rabino que, ainda vivo, acolhe a indagação com desapontamento e murmura: "Então a vida não é como uma xícara de chá!"

O pensar, revertido em pensamento e apreciado meramente por sua suposta valia sapiencial, perde potência porque interrompeu seu vínculo com o "nada". Então, não busque o porquê de nenhum destes verbetes; e muito menos a relação deles com outros pensares. Se forem realmente pensares, todos eles estarão emaranhados no "nada" e serão "névoas de nada". Essa será nossa comunicação e empatia: que circundemos significativamente o "nada".

Como utilizar este material então? Leia-o como um livro convencional para vivenciar os pensares que o levarão a outros pensares. Ou venha a ele, em algum momento específico, como quem consulta um dicionário – mas para inspirar-se com um "nada" temático. O "nada" é vizinho da "verdade", a única fronteira na qual, por osmose, ela se oferece. Experimente como uma xícara de chá!

A

ação

Faça o que pode com o que tem onde quer que esteja! Triangular é estabelecer referência: uma coordenada é insuficiente para localizar, duas permitem um parâmetro, mas três permitem a referência. "O que pode", "o que tem" e "onde quer que esteja" amarra poder, posse e situação para empoderar a todos a qualquer momento. Não importa o grau desses parâmetros, basta juntá-los e você estará ativamente no jogo da vida. O fazer se torna, assim, sempre possível. Faça!

acidental

Viver é da natureza do acidental. Podemos encontrar propósitos na vida, mas não podemos cair na armadilha de vivê-la como um propósito. Não é algo simples... pois o que é incidental não pode ser tratado como se fosse antecipado ou previsto. A religião enxerga propósitos; a ciência os desqualifica para encontrar isenção. Sem negar ou afirmar o que não se sabe nesse plano dos intuitos e das vontades originais, tudo para nós sempre será um mistério. Somos secundários aos propósitos. O único propósito que se faz primário em nossa experiência são nossos amores. Vivendo-os, quem sabe linhas invisíveis ou sombras possam conectar o incidental e o premeditado!

agendas

Nossas agendas são tóxicas. Elas regem um tempo futuro que a ninguém pertence, a não ser a nós mesmos quando lá chegarmos. Não temos total soberania sobre o tempo para além do presente. Dispor de seu próprio futuro é uma apropriação indébita, crime previsto no artigo 168 do Código Penal Brasileiro – que consiste em apoderar-se de coisa alheia móvel sem o consentimento do proprietário... Pois você no futuro é outro indivíduo, com liberdade de escolha própria e, portanto, não subordinado à sua decisão do passado. Enfim, torne a sua agenda flexível; dê direito de voto e não de veto a você no passado, e refaça seus planos de modo que ela contenha todas as suas prioridades do momento!

alegria

Qualquer coisa que você esteja sentindo que não seja alegria é uma distorção da realidade. Viver e estar alegre são a mesma coisa, porque a alegria não é um estado de humor. A alegria é o próprio desejo pela vida. A alegria é uma disposição. Histerias, obsessões e compulsões podem se interpor à alegria, mas ela estará sempre lá. Esse deve ser o norte da bússola existencial: se não estamos alegres, há com certeza uma neurose se interpondo entre nós e a vida. Não é fácil desmontar os gatilhos de experiências vividas anteriormente que produzem reações aumentadas no sistema nervoso. Um bom começo é parar, respirar, abrir um sorriso norteador e, a partir dele, como um novo parâmetro, redirecionar a caminhada.

alienação

A alienação é a perda da capacidade de pensar e agir por si próprio. Em geral, nos alienamos ao focar algum interesse em particular e perdemos a vida, que é muito maior. Todas as formas de dominação precisam da alienação para paralisar a autonomia do outro, e se valem de supostos interesses para que, em nome deles, a pessoa abdique da própria vida. O rebelde é um inconformado convicto que jamais trocaria tudo por um único item!

alma

Apesar de nos parecer que habita em nós um sujeito, uma *anima* ou uma alma separada do corpo, é o corpo que melhor representa a alma! Para construir uma personalidade, procuramos nos dissociar do corpo. Em alguma medida, isso é necessário nos anos formativos da vida. Porém, com a maturidade, desejamos reintegrar essência e corpo. É ele que sabe nascer, viver e até morrer. Esse reencontro da personalidade com o corpo é o mais maravilhoso abraço que podemos experimentar. Decorre daí que a mais legítima forma que possamos dar à alma seja o corpo! Retornar à casa nada mais é do que reabitar o seu próprio corpo.

alteridade

Diferente da estima ou do direito, quando o próximo é "como a si mesmo", no diálogo ele sempre resguarda a sua alteridade. É justamente na diferença, na distinção, que o outro é legitimado. Não pressuponha que se trata de um igual. O outro é diferente, e é mediante o contraste que você o encontra. E também a si mesmo. *Vive la différence!* Sim ao "viver", viva a diferença.

ambiência

Somos nós que ditamos o mundo em que vivemos. Não é alienação ou delírio – o fato é que o nosso mundo é o nosso pensar. Claro que não se trata apenas de imaginar o mundo que desejamos para ele se concretizar em nossa mente. Para conseguir esse efeito, você tem que negociar com suas emoções para que elas permitam que sua mente viva nesse ambiente. Se as emoções alimentarem o pensamento com impulsos positivos e amorosos, ele, então, poderá sustentar essa atmosfera; mas se, ao contrário, instigar ânimos negativos e hostis, essa será a sua ambiência. Para complicar, as emoções são reações... Então você terá que atrair condutas e comportamentos positivos para influenciá-las, e elas, por sua vez, influenciarão os seus pensamentos. A boa notícia é que ter bons pensamentos nos leva a ter boas emoções, as quais irão cooptar boas ações dos outros. Acho que a pergunta, então, é mais ou menos esta: como começar tal processo da maneira certa?

amigo (1)

Os verdadeiros amigos não desaparecem quando o sol fica encoberto por nuvens de contratempo ou revés. No entanto, o real teste de amizade não é quando o sol não brilha, mas, ao contrário, quando o sol brilha demais! Porque é muito mais difícil encontrar um amigo que fica feliz com o seu progresso e a sua prosperidade do que os que se mostram empáticos ao seu sofrimento. Se um bom amigo em tempos de dificuldade se conta nos dedos das mãos, os que se aprazem com o seu desenvolvimento se contam nos dedos de uma única mão! E isso não é simples de se ver. Alegrar-se com o sucesso alheio é, pois, maior prova de amizade do que condoer-se com o seu malogro ou a sua aflição.

amigo (2)

Amigo é alguém que dá total liberdade para que você seja você mesmo – e isso diz muita coisa. Amizades que não perduram (são muitas!) se constroem ou sob expectativas, ou sob interesses. Estas últimas são as mais frágeis e suscetíveis: basta não atendê-los e elas se dissipam na velocidade daquilo que nunca existiu. Já as amizades construídas sob expectativa envolvem condicionalidade, isto é, elas esperam por uma conduta que vá atender e retribuir. Essas também não perseveram, porque você acaba não sendo você, mas sim o que o outro espera ou deseja. As verdadeiras amizades são uma alegria e, para além da fraternidade, manifestam uma admiração real pela sua alma e pelo seu ser, coisas que transcendem o obter algo em troca ou até estar com você. Os amigos que cobram presença, por exemplo, não pertencem a essa categoria descontraída e mansa da verdadeira amizade... Já para os amigos parceiros, o que você fizer nunca será sério ou grave demais, porque ser amigo será sempre um eterno brincar.

amizade

A amizade, tal como o dinheiro, é mais fácil de fazer do que de manter. Fazemos um amigo quando tiramos alguém do anonimato para torná-lo um conhecido, um camarada, ao invés de um simples fulano. O que promove essa gradação é a sensação de parceria e de que não somos meros fulanos, e sim alguém especial entre todos os outros. As provações e contingências da vida, porém, podem vir a trair essa expectativa. Eis então que o conhecido pode agir como um desconhecido, traindo-nos ao voltar a nos tratar como um simples anônimo. Entretanto, alguém que virou amigo nunca mais consegue retornar ao status inicial de desconhecido: uma vez amigo, não há mais neutralidade possível, de modo que toda a amizade terminada deixa as sequelas de um desprezo.

amor

Existe o amor projetado ao outro e ao mundo. A experiência do amor, no entanto, é uma experiência pessoal. Em realidade, amar é a própria experiência em sua plenitude. Quando algo é intenso e invoca nossa alma, costurando-se a ela e arrancando-lhe um pedaço, é que vivemos o amor. As coisas, as pessoas e as ocasiões que amei foram sempre desfrutes e apogeus que conheci em mim mesmo. Esses momentos têm uma combinação agridoce de realização e nostalgia. A primeira é como a efetivação de si mesmo; a segunda é como a ruptura entre o que foi e o que será. Ao amar, algo fica modificado, definitivamente extinto e renovado. E essa noção, a mais profunda de si, é a própria essência do amar.

anarquia

Não se levar tão a sério é uma evidência de lucidez. E existem várias formas de não se levar tão a sério. A mais comum é rir de si mesmo. Outra é a "anarquia irônica", presente na malandragem de um piscar de olho ou de um sorriso maroto no canto dos lábios. Essa anarquia identifica o centro de gravidade de uma estrutura de ordem e a detona! Dessa implosão, diversas possibilidades bloqueadas se disponibilizam. No mais, existem sempre as pequenas morais que sustentam padrões e engessam a vida. A tentativa de algemar o bem apenas pelo caminho do bem, sem poder fazer uso de um pouco de malícia contra o mal, pode ser uma manobra de controle. Estamos falando de si para si mesmo... e sim, muito cuidado! Anarquia não é refeição, é condimento!

ancestralidade

A experiência humana sugere que é melhor não ter filhos, mas tão somente netos! Os avós são uma ancestralidade não reprodutiva, ou seja, a sua função não é a de gerar, mas a de gerir; sua participação na formação dos netos não é civilizatória, mas mítica. Cabe aos avós ensinar sobre o divino. Não sobre a divindade, mas sobre o divino, sobre a presença de um inconsciente coletivo. Enquanto os pais ensinam para a vida, os avós ensinam sobre a vida. Sua ação não é de contenção e adequação, mas de aprofundamento e sensibilidade. Os pais falam por prosa aos filhos, os avós por poesia e pelo lúdico; talvez eles nada mais sejam do que pais amadurecidos!

ângulo

Um novo ângulo não é determinado apenas por uma posição diferente. É que um ângulo não é uma mirada direta, pelo contrário: ele é formado por algo que, antes de tudo, é oblíquo e transversal. Portanto, um ângulo não é uma mera perspectiva e sim uma nova referência; o novo ângulo não pode sequer ser visto, mas apenas contemplado. Ele pressupõe uma atenção diferente, que se fixa em pontos outros que não os que se está automatizado a olhar. Essa outra mirada, portanto, não está no espaço, mas no tempo. A duração da atenção modifica por completo o objeto observado. Ver de um novo ângulo depende menos de coordenadas do que de interação.

antecipação

A antecipação do amor é mais passional do que o amor propriamente dito. E assim é com a viagem, o projeto e o sonho. O antes é épico, o durante é dramático e o depois é triunfal. Cada momento tem o seu ápice, mas de todos eles o antes é o mais íntimo: nele há total desconhecimento sobre o encontro, de modo que o outro é puro mistério e pleno em sua autonomia. Desarmados, ainda sem a aceitação do outro, nossa vulnerabilidade é total. É quando chegamos mais próximos à nudez, porque nosso sujeito encontra-se despido de méritos e se faz corpo – o outro do outro. Incrível essa condição humana na qual precisamos do outro para acessar nosso corpo mais natural! Alguém poderia dizer em comentário: mas não é diante do outro que ficamos mais constrangidos e velados? Não com o outro na condição de amor, e, particularmente, na de "pré-amor"... É esse acesso a si, nu em pelo, exposto pela plena autonomia do outro e por sua total soberania sobre permissão e acesso, que faz desse momento algo tão místico. O *Cântico dos Cânticos*, o *Kama Sutra* e outros textos místicos se valem do mistério máster do antes, do pré!

apego

O apego à vida é diretamente proporcional a não tê-la vivido bem, e não o contrário. Quando se experimenta e se vive a vida em sua integralidade, não há mais nada a fazer por aqui. Esse é o esforço de todos nós: cumprir-nos. Mas não fantasie sobre alguém que saiba viver assim tão perfeitamente! Todos temos os nossos apegos porque, aqui e ali, não aceitamos todos os convites para dançar que a vida nos ofereceu! A fantasia é justamente a de que ficam pendências... porém, não ficam não! Esse sentimento não se origina de culpa ou frustração, mas do próprio instinto constante que quer nos jogar de novo na festa da vida.

aperfeiçoar

O aperfeiçoamento é uma relação entre a prática e a experiência. Parece paradoxal, mas, para aprimorar algo, você precisa errar o suficiente – e talvez você não esteja fazendo isso! Não se trata do equívoco repetitivo ou reincidente. Na verdade, só é qualificada como um erro aquela imperfeição que tem algum grau de ineditismo. O erro recorrente e habitual não provém de uma análise enganosa, mas da ausência de qualquer investigação ou exploração. Temor, preguiça e inaptidão não permitem que o equívoco tenha a grandeza de um erro. Cuide, portanto, da qualidade de seus erros e da frequência deles, para assim desenvolver e apurar seus predicados e talentos! Poucos erros, pouco avanço!

apocalipse

Em tempos em que o fim do mundo se torna mais factível, vemos, na caracterização do filme *Os Simpsons*, o grande dilema que norteou a domesticação humana: ser bom *versus* viver bem; ou ser do bem *versus* viver o bom. A turma da igreja corre para o bar para tentar, nos últimos momentos, não perder a oportunidade de não ser tola; e a turma do bar corre para a igreja tentando um resgate e não ser perversa. Se pudéssemos sair do transe de consumo em que nos viciamos, vivendo a vida vivida de fora para dentro ao invés de dentro para fora, resgataríamos nossa humanidade. Afinal, é ela que nos lembra de que o horror do fim não virá da destruição das coisas perdidas, mas de um gemido, da oportunidade desperdiçada. Escuta esse gemido, porque ele pode despertar você bem mais do que o ruído do trovão ou da avalanche.

apreciar

As aves sabem apreciar com precisão. Elas comemoram o amanhecer com um ritual de apreciação do mais alto valor e depois calibram tudo com essa perspectiva. Elas declaram o que Goethe traduziu para a linguagem humana, fazendo com que nós nos confrontemos com nossa própria escala de valores e escolhas sobre como acordar.

aprendizagem

A aprendizagem não ocupa espaço e não pesa. É uma reorganização que não demanda o expandir ou o avolumar. Aprender é a arte do diferente e do modificado, na qual não há consumo ou exaustão. Ao contrário, é a única coisa no universo que não se dissipa, que inspira sem ter que explicar e evolui sem ter que transformar. Fora do universo da energia, é o lugar mais próximo do transcendente. Nada é mais nobre e sagrado do que aprender, e nada vale mais a pena na vida!

arte (1)

A arte é o talento mais incrível que existe; ela comunica a emoção de um para outro. Nada é tão blindado como a emoção, sendo esta sempre própria e intransferível. Diferente do intelecto – que se comunica por meio da crítica e pode até nos convencer de algo que vá contra nossos próprios interesses –, a emoção não se convence pura e simplesmente pela emoção do outro... Então, quando a arte burla a impenetrabilidade das emoções, é muito fascinante! E isso só é possível se ela transitar da alma de um para a alma de outro. É que apenas via alma conseguimos fazer com que o outro sinta o que estamos sentindo. Alguém dirá: "Mas isso não é verdade, uma vez que me emociono com frequência!" Sim, só que o que a arte faz não é induzir a um sentimento próprio pelas vias da simpatia ou da empatia. Na verdade, ela faz você realmente sentir o que o outro sentiu. Isso é espetacular!

arte (2)

A verdadeira arte não tem prazo de validade porque ela não está no tempo. O tempo é um intervalo, e pode ser associado a um filme comercial – que é estruturado em uma dada sequência e que, por natureza, automaticamente estabelece narrativas; nessas narrativas, por sua vez, há sempre embutidas ou uma persuasão ou uma afetação, por tese ou proposta. Em contrapartida, a verdadeira arte é um fotograma, isto é, a captura de uma reverberação que é mais da ordem de uma experiência do que de uma explicação. É que elucidar ou interpretar produz algo que é perecível e que envelhece. No entanto, quando o registro é comprimido num impacto ou num efeito, ele não corrói e tampouco se desgasta. Seu registro é sensorial, mas não é cognitivo; é perceptível, mas não é mental. A arte é uma marca, algo que se aloja muito mais do que algo que acontece.

arrependimento

A saudade de si mesmo difere de um arrependimento. O arrependimento é um remorso, uma sensação de ter feito algo equivocado ou de não ter feito. Já a saudade de si é a ausência de outras possibilidades em nossa caminhada, pois em algum momento pregresso não havia visão ou perspectiva de rumos ou possibilidades diferentes. Com o passar dos anos, padrões que pareciam únicos ou inexoráveis se alargam, e percebemos que poderíamos ter sido diferentes. Essa falta, essa nostalgia do que nunca foi, porém, não precisa ser uma tristeza irreparável, mas sim uma fonte que nos incentive a pensar mais amplo. Uma saudade não de passado, mas de possíveis futuros!

arteiro

O início da semana pode parecer o início de mais um ciclo idêntico a outros. Não é! Mesmo que tudo seja igual debaixo do sol, você sempre pode fazer arte! Seja arteiro no sentido de ser levado e brincalhão, porque essa é a arte de deslocar um pouco a realidade e ver tudo modificado, inusitado. A arte, então, é a torção ou a flexão que coloca tudo em outra perspectiva. E o levado deixa de ser o mal comportado para passar a ser o que se deixa ir; o arteiro deixa de ser o inquieto para se tornar o fazedor de artes; e o travesso deixa de ser o inquieto para ser o que coloca na diagonal e na transversal, tirando fora do eixo. A vida pede para ser vista de forma diferente, e isso estará sempre no olhar mais do que nos fenômenos: esse artifício de produzir o inédito e o inusual!

assertividade

A assertividade não é uma atuação, é um comportamento. Externamente, parece ser um coquetel de objetividade, firmeza e confiança. Internamente, no entanto, é algo da ordem da clareza de precedência ou de prioridade. O assertivo não faz malabarismos de racionalização para se reconhecer como legítimo merecedor de algo. A rigor, ele trabalha no modo "primeira intenção", nunca se deixando perder nas segundas intenções que não raro se oferecem como justificativa. Sua natureza é não defensiva, franca e desafetada, encontrando no outro identificação e afinidade. Todos podemos compartilhar de investidas para si e demandas que nos priorizam, isso é autêntico e lícito! Mas as nossas ambiguidades nos fazem confundir o que queremos com o que precisamos... Temos profunda empatia pelas demandas do outro! É apenas na hesitação do outro que se abrem as brechas para que migremos desta identificação e a translademos para nós mesmos.

assertivo

A assertividade é a habilidade de expressar emoções ou opiniões de maneira firme, sem hostilidade ou agressão. Se você não a desenvolve desde cedo, fica difícil de aprender depois, porque segurança e confiança não são coisas voluntárias, elas são emoções. A assertividade não é uma estratégia discursiva ou uma forma de poder; ela é apenas objetiva e frontal em sua realização. Nela, a relação com o desejo é clara, firme e sem dissimulações. E o fato de não haver segundas intenções, apenas primeira intenção, libera a força da transparência e a eficácia da decisão. A assertividade é o contrário da hipocrisia, e uma forma humilde de afirmarmos algo.

atalho

Não existem atalhos para os lugares que realmente valem a pena. Isso porque os lugares que valem a pena dizem respeito à vida; não são pontos no espaço, mas processos. Sejam quais forem, desenvolvimentos dependem do caminho para que exista uma chegada. Há curtos caminhos longos que são, em realidade, miragens e trilhas sem saída. E há também longos caminhos curtos que, por definição, são cheios de desvios e rodeios – o oposto de atalhos. Precisamos aprender a apreciar o caminho, porque este é o único habitat da vida: ela está em cada passo, e não no destino. O sujeito da existência é sempre o remetente, nunca o destinatário. Então, faça o esforço não como se ele fosse um estorvo. Usufrua, ao contrário, da textura existencial que lhe oferece a jornada. Um exercício é repleto de prazer; ele só deixa de ser assim quando você pensa no seu término ou na sua conclusão. Malhe bem a sua existência!

autobiografia

Toda e qualquer fantasia é autobiográfica. A vida da consciência não acontece na sucessão de fatos, mas nas próprias vivências. Quando nos pegamos viajando no imaginário, estamos verdadeiramente empreendendo um passeio. Ele é real em todos os sentidos porque ocupa um espaço de existência que não pode ser compartilhado. Não há ubiquidade existencial, e de fato se está onde se está – já que a consciência só experimenta "ser" uma vez. Há, porém, um recurso do imaginário que não é interno e não se manifesta por meio do retiro em devaneio. Essa função interage com o mundo externo e nos ajuda a colorir o real. Às vezes a vida precisa de uma melodia e geramos uma trilha imaginária; em outras, precisa de humor para ganhar textura; ou então de adornos e adições para se fazer estética; e talvez até de omissões e recalques para ganhar dramaturgia. Seja como for, essas montagens e magias que aplicamos à paleta da vida são fragmentos de nossa existência. Elas são autobiográficas sem ter sido ou acontecido; mas, com certeza, são paragens por onde estivemos.

autonomia

Pensamos que a liberdade está associada a tomar decisões. Na verdade, a liberdade é perdida exatamente por termos autonomia. A constante tarefa de decidir é a mais insana forma de inquietude. Se quero ou não quero, se devo ou não devo, se para a esquerda ou para a direita, antes ou depois, isso ou aquilo. Nossa liberdade foi abandonada por escolha, por independência. Por isso, se decidirmos pela liberdade, nunca mais decidimos nada. Porque ser livre é não ser fustigado por arbítrios. O livre-arbítrio é uma prisão, porque até para não decidir, tem-se que escolher. Para quem pensava que liberdade e autonomia eram a mesma coisa... saiba que podem ser antônimos. A autonomia e a liberdade só se tornam sinônimos se as decisões estiverem associadas a valores. Nesse caso, decidir é exercer a si mesmo. Decidir por decidir é uma maldição!

autoengano

Todo engano contém algo de autoengano. Isso parece muito radical e até cruel para com nossas narrativas de eventos em que, a princípio, fomos enganados. No entanto, aquilo que é involuntário no humano está sempre sob suspeita de um complô. É que nossa consciência é constantemente afligida por segundas intenções e por dupla lealdade, porque todos nós temos uma pessoa e um sujeito em nós mesmos: a pessoa sendo quem somos, e o sujeito, a pessoa que queremos ser. Então produzimos cenários constantes de miragens que nos confundem, apesar de as termos inventado – e a pessoa e o sujeito se traem mutuamente para afirmar a supremacia. Daí esse efeito esquizofrênico segundo o qual muito do que é involuntário para um desses personagens é intencional para o outro. E durma-se com um barulho desses!

autoridade

A autoridade é um mérito que advém do reconhecimento de uma potência ou de um saber. É um poder internalizado que, no entanto, nunca deve ser exercido. Permanecer nessa condição é a tarefa mais difícil de um mestre, pois aqui e ali situações de vida irão tentá-lo para que se sinta superior ou diferenciado. E se isso acontecer, o que ele possui de notável e de sublime logo se transformará em privilégio e abuso. A rigor, ele não tem nada a mostrar, provar ou conquistar; sua autoridade apenas serve à comunidade, ou seja, ela nunca opera para si mesma! Sua maestria está justamente em saber que "oferecer" é sempre maior do que ganhar.

B

bajulação

Gastamos tanto tempo e energia tentando fazer com que os outros gostem de nós, quando deveríamos nos dedicar a que nós mesmos gostássemos mais de nós... Imagine se você se esforçasse constantemente para que gostasse de si mesmo. E se suas ações e interações com a vida fizessem você apreciar e estimar cada vez mais quem você é? Para que isso aconteça, busque atitudes mais nobres, gentis e refinadas para consigo mesmo. Gostar de si não é simplesmente cuidar de si; e quanto mais você fica grosseiro e interesseiro, menos consegue gostar de si próprio. Lembre-se de que a autoestima não é um recurso para se impor no mundo, mas um olhar meritório que você cultiva sobre si mesmo!

barco

Se comparássemos nossa vida a um barco, atribuiríamos ao vento as motivações; às velas, os pensamentos; ao leme, o conhecimento; e ao barco, o corpo. Nosso corpo e nossa vida são movidos por um combustível sublime, por uma força aérea e tênue. É essa leveza que faz singrar um corpo por inteiro por toda uma inexistência! Os ventos mudam e as velas se reposicionam; o leme tenta apontar para as escolhas; e o corpo vai na direção que esse conjunto produz. Trata-se de um mar que vem de lugar nenhum e vai a lugar nenhum... Mas esse velejar é estupendo e estonteante. E o único aspecto sólido de tudo isso é a interação de superfícies do ar com superfícies da água – é o tal do navegar que é preciso.

barreira

O que se interpõe entre nós e Deus, impedindo-nos de encontrá-Lo, é a nossa própria presença. É ela que faz parecer que o sujeito da realidade somos nós mesmos, de modo que o nosso protagonismo acaba sendo um obstáculo intransponível para que encontremos o verdadeiro agente das coisas e da realidade. E o agente – perdão pelo trocadilho – não é a gente! É importante lembrar, também, que o perder a si mesmo não significa o fim ou o desaparecimento, mas verdadeiramente reencontrá-Lo!

bases

Estas são as coordenadas existenciais básicas: ter raízes e fluir! Isso porque existimos em certos meios, e não no vácuo. Estar aterrado com raízes e fluidos no escoar do tempo e das passagens é estar corretamente tensionado entre o passado e o futuro. O primeiro é feito do chão e da solidez de fatos enrijecidos e cristalizados por tudo o que já aconteceu; o segundo é feito do escoamento e da viscosidade daquilo que não é efetivo, mas potencial. O que foi tem rigidez e o que será tem liberdade e fluência. Não erre os meios... nunca seja fluido com o passado, e tampouco rígido com o futuro: só assim o seu presente terá a consistência e a textura existencial equilibrada.

beleza

A maestria da beleza é acompanhar o que é vivo. Tudo em você que for vivo é lindo; como a própria Chanel dizia, "Nada do que é vivo é feio!". Então, se manter bonito é justamente acompanhar o alinhamento com a vida. Aos trinta anos há uma beleza que, se você tentar reproduzir aos quarenta, há chances de ela não estar de acordo com o andamento da vida, podendo até se aproximar do feio. Saber que a beleza amadurece e que sua exuberância passa de uma estética para uma integridade, para um fascínio atraente, pode ajudar no processo de sua elegância espiritual. Graduar-se na beleza é não perdê-la, muito pelo contrário, é ganhar virtuosismo para emaná-la de dentro!

belo

O principal ingrediente da beleza é uma certa estranheza. O belo é distinto do bonito, que é uma estética produzida por equilíbrios e proporcionalidades. O bonito, em geral, se presta à moralidade e aos padrões que determinam enquadramentos por normas eleitas e privilegiadas. A beleza, por sua vez, não se adequa a esses moldes justamente porque a estranheza é parte constituinte dela. Assim, ela fica imune a tendências e expectativas, já que é composta de excentricidade, originalidade e singularidade; e o que é singular nunca vai corresponder a nenhum tipo de padrão. Essa distinção é estrutural; não se trata de uma antítese, mas de universos paralelos. O bonito é o cão/Marte da estética; o belo é a felina/Vênus da estética.

bem

O bem-estar que sentimos quando fazemos o bem e o mal-estar que sentimos quando fazemos o mal é o que nos costura aos céus. Uma religião não pode conter apenas o humano ou apenas o seu Deus. Quando a religião só contém Deus, ela aterroriza e afugenta;

quando só contém o humano, ela o aliena. Deus sem o humano é ritualístico e insensível; e o humano sem Deus é sempre interesseiro e autoabsorto. O que sensibiliza nessas formas de religião são as feridas e as mágoas que experimentamos. Mas é justamente em suas suturas que se costura o humano e seu Deus – a empatia por si e pelo outro. Porque o verdadeiro fim de todas as bênçãos é esperar por uma reforma ortográfica em que caia o acento de "amém", e seja adotado o "amem!".

bênção

Na tensão entre a realidade e as aspirações está a consciência. Foi essa conexão, esse vínculo invisível, que gerou todas as formas de noção. Nesse fio entre anseio e privação, portanto, pode se pendurar uma existência, um saber e um gosto pela existência. Produzir essas pretensões é a tarefa desperta de um ser humano: por um lado, ela manifesta a bênção não só de alcançar seus projetos, mas também de, ao tê-lo feito, gerar sentido e propósito. Por outro lado, manifesta a maldição de que essa tensão venha a se tornar uma ansiedade. O estiramento não é uma aflição, apesar de evidenciar pressão e esforço. Do mesmo modo, a tensão não deveria causar dor, mas estabilidade e sustentação. Fique atento quando o propósito deixar de ser um alicerce para se tornar um penar; ou quando, de um elemento de constância, se fizer outro de incerteza. A firmeza e a instabilidade se utilizam da mesma força!

berro

Elevamos a voz em três situações: quando não há escuta; quando não estamos falando, mas latindo; e quando não temos razão. A situação mais interessante do ponto de vista da crítica humana é a terceira: exatamente por não termos razão, nosso único recurso é a imposição, o grito. Assim, o esforço civilizatório não está no primeiro caso, porque a escuta é do outro. Tampouco está no segundo, isto é, no berro emocional – porque este é mais da ordem da contenção e da continência, sendo também mais uma escolha de critério do que de crítica. Já no terceiro caso, quer dizer, quando a fala alta é consequência da falta de razoabilidade, tal coisa revela ignorância e corrupção cognitiva. Ao se perceber gritando por falta de razão, estude! Sim, você pode descobrir que está errado e mal informado, mas isso será bom para sua inteligência e também para as cordas vocais!

bifurcação

É comum encontrarmos o nosso destino no caminho que tentamos evitar, porque, a rigor, essa fuga não caracteriza uma escolha. Só uma verdadeira escolha tem a força de mudar o destino (pelo menos no plano terreno!). Esquivar-se parece uma escolha, mas não é. Isso porque a escolha demanda dois caminhos, e nunca um único a ser seguido ou evitado. Se apenas evitamos, continuamos na mesma trilha em direção ao destino traçado, só que não pelas vias da nossa eleição. Tratar as bifurcações da vida pela fuga é o mesmo que permanecer no lugar, ou seja, reencontramos a sina. Ela parece nova mas é exatamente a mesma, porque você não saiu do lugar.

bloqueio

Pensamos que são os outros que estão no nosso caminho e que são eles que nos detêm, mas nada bloqueia mais o nosso caminho do que nós mesmos. Na verdade, somos o nosso inimigo invisível, o meio indistinguível que não nos deixa discernir. Encontrou um obstáculo? Então este é o exercício: imagine-se tirando-o do caminho, e também tirando-se da posição impassível que sempre reservou para si mesmo. Em toda cena de questões e conflitos, já existe um lugar pré-determinado onde nos imaginamos. Retire-se e desloque-se daí! Esse lugar é o nó, o empecilho e a vedação. Mas retirando-se do caminho, você poderá reaparecer em outro lugar, e todo o universo terá se movido e portas nunca antes desvendadas se materializarão! Tudo que se repete, isto é, tudo que se reprisa em nossas vidas é um efeito de nossa própria presença. Sai para lá! Desconjura!

bom gosto

O que faz do bom gosto o inimigo da criatividade? O bom gosto é uma sofisticação, enquanto a criatividade é uma singeleza. O bom gosto é um requinte. A criatividade, uma competência. O primeiro busca o primor; o segundo, a ruptura. Um lida com o apogeu; o outro, com o limite. Um persegue a elegância; o outro, a funcionalidade. Sábio é o Carnaval com os seus dois tipos de desfile de fantasias: luxo e originalidade. A fineza nada tem a ver com a inventividade, ou o refinamento com a singularidade. O bom gosto é estético; a criatividade é operativa. Um melhora, o outro inventa. Não há como conciliar os dois: um se ocupa do concebido, o outro do imaginário.

borboletas

A harmonia é a matemática da vida. Para a vida, o grande não é uma medida de quantidade, mas de qualidade; não de potência, mas de economia. As borboletas nos encantam porque revelam essa matemática, são simbólicas em relação ao que alimenta a vida! Porém, a harmonia e a estética não se obtêm na busca do saudável e do belo por si só, e sim nas condições em que nutrientes e equilíbrios concorrem para que aqueles possam florescer e "borboletar". Por isso, há manhãs em que do nada as borboletas afloram. São primaveras de equilíbrios e harmonias que possuem essa fertilidade. Aposte nelas e cuide do seu jardim – metáfora das harmonias –, e do nada as borboletas aparecerão!

breve

O simples, o curto e o breve são os que mais exigem! Exatamente porque não é sobre refinamento e elegância, mas sobre despretensão e transparência. Por isso, a demanda pelo simples e pelo breve é exigente. Para que ela se efetue plenamente, faz-se necessário abrir mão de pretensões e justificativas, ou seja, dos tais argumentos que tanto gostamos de usar para não sermos "mal entendidos" ou, pior, para sermos entendidos! Nesses agregados está o pensamento do pensamento, a intenção da intenção, e recai-se no labirinto onde o escrupuloso por simplicidade já perdeu a paciência! Para ser simples, é preciso que se esteja "desdefendido", pronto a interagir com o que for sem medo ou pudor. O simples, a última coisa que ele quer é "estar certo". Não há no simples a mínima preocupação com o verdadeiro ou com o lícito: ele nasce do direito de ser, da virtude de não ter um interesse. O simples é tão somente frugalidade e temperança.

brincar

A brincadeira é um ensaio da vida e contempla curiosidades e expectativas. Acima de tudo, brincar é uma atividade da ordem da fantasia. Permanecer jovem requer o desejo de se envolver e de recomeçar, flertando com modelos simbólicos e fantasiosos em meio a maquetes, tabuleiros e jogos. Na brincadeira somos atores plenos, no palco e no cenário que inventamos. É uma atividade que envolve tanto a mente como a alma. Sim, exercite a alegria para evitar o Alzheimer da alma; imagine para evitar a artrose do espírito e sonhe para escapar da senilidade da essência!

C

cabeça

Dois gumes tem a lâmina da consciência. De um lado, o risco da mesmice e da estagnação, contra as quais são necessárias criatividade e ousadia. De outro, o risco da liberdade excessiva, que resulta em perda de balizas e medidas. Devemos almejar uma cabeça a mais aberta possível, mas sem que o cérebro caia para fora! Talvez seja por isso que a cabeça é bem blindada: para dar limites ao expansivo e espaçoso de nossa mente. O desejo por liberdade total não pode colocar em risco a crítica e a apreciação. É por aí que vai, aliás, a conversa sobre liberdade de expressão e de opinião – essa "liberdade" deve ser tão ampla quanto a fronteira que impede o cérebro de cair!

calmaria

A calmaria é irritante! E a diferença entre tranquilidade e calmaria é total: a tranquilidade é um ritmo, um encaixe suave entre a pessoa e suas ações e tarefas. Já a calmaria é o marasmo, a insuficiência de vida e de movimento. A realidade é cinética; a imobilidade é própria do que não está em processo. Claro que a realidade eufórica e desregulada nos intranquiliza – na mesma medida em que a inércia é insuportável e irritante!

caminhos

Interessante pensar que há funções distintas para coração e mente. O que é contraintuitivo, no entanto, é pensar que seja o coração que aponte os caminhos, enquanto a mente é apenas um recurso para qualificar esses caminhos. Em geral, imaginamos que é a racionalidade que nos dá direção, mas não é assim! A racionalidade é a tática, não é a estratégia, embora o lógico pareça ser o contrário (e, de fato, frequentemente reclamamos da irracionalidade, porque nela não há um objetivo determinando o caminho). Por outro lado, se não dispormos de nossa mente nas necessárias decisões ao longo desse caminho, ficaremos à margem de nossa própria humanidade. Afinal, os fins não justificam os meios, e é a nossa mente a única capaz de determinar os meios.

caos

Caos, na mitologia grega, é o deus primordial. Ele representa a força de desintegração, enquanto o seu contrário, Eros, é a força de junção e união. Caos não é uma complexidade, mas uma simplicidade desagregadora e desorganizadora; ele circunda tudo como uma força que deteriora e corrói a ordem. É uma espécie de anarquia quântica. Enquanto Eros harmoniza, Caos é disruptivo; ele é fundamental para a Criação porque age como um abutre ou uma bactéria sobre a realidade e a decompõe. Tudo seria um grande marasmo não fosse o caos. As crianças são mais próximas a ele porque ainda não foram neurotizadas pela ordem, elas guardam reverência ao Caos porque ele pode ser tão generativo quanto o Eros. O crescimento, o envelhecimento e a morte são manifestações do caos e de sua incrível propriedade regeneradora.

cárcere

O cárcere não precisa de uma arquitetura física: com muita frequência, ele é feito de arquitetura psíquica. Porém, diferente de uma cadeia ou de uma barreira, que evidenciam o cativeiro, a clausura psicológica não permite que o detido tenha consciência de sua prisão. O mesmo ocorre com a propaganda e com a ideologia: ambas são estratégias de aprisionamento que não deixam o encarcerado saber que está detido. Essa é a verdadeira prisão de segurança máxima, porque ela não aprisiona a pessoa, mas o sujeito; rouba não a liberdade, mas a consciência!

casa

Uma casa é feita de pertencimento, aceitação e brincar. A sensação de que aquilo que você faz é exatamente o que deveria estar fazendo, e de que a pessoa que o acompanha é mesmo aquela que deveria o estar acompanhando, representam alguns dos sentimentos de pertencimento de uma casa. Já quanto à noção de que você se basta e de que você não tem que provar nada a ninguém, ela é a vivência de aceitação da casa. Da mesma forma, a casa é o lugar onde nos permitimos rir de nós mesmos, "zoando" uns dos outros em nossas idiossincrasias, imperfeições e humores. Todas essas sensações presentes em uma casa derivam de nossa família e, mais particularmente, de nossa mãe. Pois ela é a nossa casa por pertencimento, nosso ninho por aceitação e nosso lar por graça. Mãe não apenas nos traz ao mundo; mais amplamente, ela nos faz sentir legítimos em aqui estar.

casamento

Casar-se várias vezes com a pessoa certa é um atestado de que a nubilidade pode ser temporária, e de que "até que a morte os separe" já não é a única contingência que efetivamente separa os casais. Se nubilidade é o desejo de empreender um projeto íntimo com um parceiro, diríamos que, no passado, esse projeto era apenas reprodutivo e ancestral: as circunstâncias econômicas não permitiam que esse plano pudesse prosperar sem esse compromisso existencial. Sociedades com menos proteção e direitos; a ausência de qualquer excedente produtivo; a dependência financeira e o alijamento profissional da mulher eram, então, alguns dos itens que faziam da nubilidade um compromisso inquebrantável – ainda que fossem capazes de destruir todo o esforço realizado. Em nosso mundo, a situação é bem diferente: muitos dos projetos núbeis do passado se esgotam – incluindo-se o de uma vida a dois mais extensa –, e nós os graduamos. Daí ser possível, hoje em dia, alguém encontrar o seu cônjuge perfeito para uma etapa da vida, mas não sustentar mais a nubilidade caso a motivação da vida conjugal desapareça. Isso não quer dizer que o investimento em intimidade e a obra de afeição mútua não possam ter a durabilidade de uma vida; apenas que essas coisas já não estão *sub judice* contratual da nubilidade. Com o juízo desse acordo extinto, um novo cônjuge núbil se faz possível sem a necessidade de decretação de um equívoco ou falência. Muitos casamentos terminam hoje não por imaturidade núbil, muito pelo contrário! Mais respeito aos graduados, portanto!

caseiro

Nada é mais caseiro do que a andança. Somos seres temporários e qualquer apego ou sedentarismo nos faz sentir estrangeiros. A vida é nômade; não se é exilado de um lugar, mas da passagem. Toda vez que nos agarramos a algo, experimentamos uma diáspora de nosso ser andarilho.

O conceito urbano de uma casa com endereço e constância nos enreda numa narrativa que não nos pertence. A certeza, o cúmulo, a ocupação, a retenção e o conforto nos deslocam de nossa natureza e impõem desterro e banimento. O desterro humano é a falsa permanência. O transitivo é o nosso chão; o provisório é a nossa morada. Porque é o interino que nos faz inteiros e o transitivo que nos faz reais.

cegueira

Não enxergar é muito mais grave do que não ver. "Não ver" é uma coisa pontual, mas "não enxergar" é genérico e impacta toda a capacidade de visão – de modo que mesmo que a pessoa pudesse ver, ela não enxergaria. A passionalidade, a euforia e o desânimo são ingerências emocionais sobre os sentidos e julgamentos que impõem quereres a fatos e imparcialidades. Não há óculos para "não enxergares", o que há são lentes coloridas que fazem sua íris ter a cor que você escolher. Mas quem olhar de fora poderá ver no brilho de seus olhos o "não enxergar" e o caráter crônico dessa sua tendência! O "não enxergar" é muito visível!

cenas

Tomamos uma pessoa pelo lugar em que ela está, sem saber ao certo de onde veio e qual foi o seu esforço ou desafio para chegar até ali. A visão foi feita para ver o momento presente, e tudo o que projetamos para trás ou para a frente não é visível. O mais grave é que insistimos em fazer da visão o ponto inicial de nossa imaginação. O imaginário bem pode parecer uma cena ou um fato, mas não o é! Ele é apenas uma fantasia, justamente o contrário de algo que se vê. Tratar a imaginação por uma visão é o fundamento mesmo da loucura... Tudo que você tem é um "ponto de vista"; não transforme esse ponto, portanto, em uma "linha de vista", e menos ainda em um "quadrado de vista"! Pois é assim que se criam os panoramas e as narrativas da cegueira. O bom "ponto de vista" é aquele em que se enxerga apenas o que se vê – nem um mínimo a mais ou a menos!

centro

No universo, todos os lugares são o seu centro. Na infinitude não há como "nortear", e para onde se aponte há um sem-fim que faz de tudo o centro. Houve uma época em que acreditávamos que a Terra era o centro do universo. Pensávamos certo pelas razões erradas. Não somos especiais e, como tudo não o é também, voltamos, por isonomia, a reivindicar esse lugar. Onde você estiver de verdade, esse lugar tem a grandeza de ser o centro do universo. Mas para isso há a condição de autenticidade. Se você se perder – como é comum nos humanos – nas catacumbas do falso e do simulado, então lá se vai a sua capacidade de ser o eixo por onde momentaneamente o universo gira. Você ficará despido e deslocado diante do colossal vazio universal. Não se perca, é muito vasto aí fora!

certeza

A ausência de perguntas não é certeza. Se houvesse "certeza" na esfera racional, não haveria necessidade de fé. A fé não é a interdição das perguntas, mas a irrelevância das perguntas. Já as respostas, sem o complemento da fé, são inalcançáveis. A objetividade humana, na maioria das vezes, é uma aproximação grosseira da realidade. Assim, da mesma forma que nossa consciência deve desenvolver o raciocínio, ela deve também investir na fé. Esta última está para além das questões porque ela é um dado, um *a priori*, uma pré-lógica. A fé nasce do viver cuja essência é uma graça, um favor. Quem vive de favor tem obrigação emocional de desenvolver a fé.

céus

Os céus estão muito longe; os céus são desumanos. O Deus parceiro, o Deus revelado, o Deus ético e o Deus amor são formas humanizadas de Deus. Mas quando posicionado naquela condição distante, alheio às questões e vulnerabilidades humanas, a voz que se escuta de Deus é perigosa. Então, Deus deixa de ser um vínculo para tornar-se um poder. O vínculo reforça afeto e sensibilidade; o poder, competição e violência. Em nome do Deus do céu, já se fizeram muitas maldades e barbáries neste mundo.

ciclos

A exaustão dá início à renovação. Ciclos não se reiniciam se não encontramos um ponto de inflexão. A circularidade dos eventos nos leva de rodada em rodada ao mesmo lugar. A ideia do sábado nas Escrituras era a possibilidade de que o tempo fosse reinicializado ou "resetado". Sem a derrocada do plano do círculo, ele é vicioso, e é isso que o "não aguento" ou o "não aceito" mais representa. Porém, quando ela se dá, o que pareceria mais uma volta no de sempre é rompido por um senso que nos tira do chão da rotina, e o novo ciclo não tem mais a forma de um círculo, mas a de uma espiral, própria de um novo giro que mudou de raio. Não se apavore ao exaurir-se, porque é ali que está a alavanca da transformação.

combustível

O sentimento de alegria tem raiz na alma. Ele irrompe sempre que vivemos nossas potências. A timidez, a apatia e a repetição reprimem e suprimem nossos vigores. A vida sendo vivida é, em si, o sentimento de alegria; e este não é relativo a nada de fora, seja uma situação, uma notícia, ou qualquer outra coisa. Essa autossuficiência da alegria é a dádiva maior da vida, razão pela qual amamos viver! Viver é o uso desse combustível existencial. Use sem moderação!

comoção

A tristeza profunda não é infeliz ou lamentosa. Ela é uma comoção natural e disseminada que experimentamos por conta da própria dramaticidade da vida. Trata-se daqueles momentos que Chaplin muitas vezes mostrava em seu enternecido preto-e-branco. São sonhos irrealizáveis que não frustram, mas que, ao contrário, preenchem de tons e suspiros a existência. Uma inundação de sentidos, de não querer ser socorrido; o prazer sereno de estar desassistido. Uma chuva que não molha, alaga; um chorar que não condói, aprofunda.

competição

Sempre que vemos alguém se sobressair ou notabilizar-se, ficamos sequiosos de duplicar seu feito ou superar o outro. Essa sede, que pode até extrapolar para a inveja, inicialmente é apenas uma desolação por não sermos este outro. Quando isso se dá, podemos bifurcar por esses dois sentimentos: o que o culpa, produzindo a inveja; e o que culpa a si mesmo, despertando a compunção de não se ser como o outro. Nessa segunda possibilidade, criamos uma "dor de cotovelo" em que a emulação e a competição não são com o outro, mas consigo mesmo, ou seja, com o que você não é! Esse sentimento é terrível, porque produz uma sofreguidão tímida difícil de ser descoberta e, mais ainda, de ser contestada. Assim passamos a vida com o medíocre pesar do remorso de não ser o outro. Tal maldição, a de "correr atrás do próprio rabo", requer ajuda para reencontrar a única potência capaz de representá-lo: a de você ser quem você é.

competir

Duas expressões estão no topo quando o assunto é a tentativa de se afirmar: "ganhei" e "eu falei!". A primeira é bem evidente, já que significa superar os demais envolvidos. Já a segunda tem mais nuances psicológicas. Isso porque vencer e/ou ganhar é se expor e correr riscos, ao passo que em "eu falei" somos apenas espectadores – uma espécie de voyeurismo cuja excitação está em acompanhar o outro ser impactado pela vida. Quase que o contrário de vencer, "eu falei" expressa um medo pessoal que projetamos sobre o outro, e quando o outro sofre as consequências daquilo que é o nosso medo, vemos legitimados nossos limites autoimpostos. Estranha vitória, essa em que você não teve que se expor e não teve que pagar o preço pago pelo outro! No entanto, tal coisa é muito diferente de uma vitória; antes, é um triunfo do medo e da timidez em experimentar a vida. Ver o outro se prejudicar é uma imolação em substituição ao que caberia a mim, mas foi o outro que arcou com esse ônus. Todo olhar sobre a vida alheia é um experimento sobre medos pessoais.

comprovação

Juntar a existência de Deus com o vazio dos céus é uma imposição da inteligência. Não podemos preencher a realidade e o mundo externo com nossa razoabilidade interna. Dentro de nós, coexiste um universo próprio, capaz de comportar "verdades" improváveis e questionáveis. Desde que dentro da legitimidade de nossa experiência, o que existe não precisa ser definido pela comprovação; basta vivenciar para que algo automaticamente seja. Entretanto, não podemos perceber nada neste mundo interno sem o reconhecimento de que o céu é vazio, de que não podemos avaliar o que destilamos a partir do contexto, mas tão somente da essência. Dessa destilaria provém a cachaça mais sofisticada de nossa existência!

condicional

O amor nunca é incondicional. Por sermos uma essência, não temos como abdicar dela incondicionalmente. E se não posso estar fora da equação, talvez a forma condicionada mais virtuosa de amor seja amar alguém porque impacta e modifica a minha própria essência. Então, sem trair a condição de estar condicionado, ama-se incondicionalmente quem o outro é por conta de quem ele faz você ser. O outro não tem que ser ou possuir nada como contrapartida, mas a sua pessoa, a sua presença na sua vida, o modifica para melhor e o faz mais inteiro. E se isso é correspondido, ninguém precisa amar o outro incondicionalmente, porque a condição é o outro!

confiança

Confiança significa fé e credibilidade que outorgamos a alguém. Os inimigos nunca traem; cabe apenas aos amigos, a quem devotamos confiança, fazê-lo! Por isso, a traição implica num desgosto que é caracterizado mais pela perda de confiança do que por uma eventual perda causada pela traição em si. Estamos falando de quando alguém em quem confiamos faz que vai, mas não vai, ou vai e finge que não foi. A questão, então, não é o ato em si, mas a dissimulação que revela a manipulação; não é o erro ou a fraqueza, mas o disfarce, a deslealdade e o estudo que caracterizam a insídia da tocaia. A proteção maior que podemos nos oferecer diante dessa impostura e infidelidade é não perder a confiança. Porque em última análise, a traição trai o traidor, porque é ele, diante de sua escolha, que derradeiramente compromete a própria confiança no outro. O custo da traição não é ser traído, mas não confiar.

consciência

Por vezes, a consciência parece um pesadelo. Olhar e refletir sobre o que somos e do que somos capazes não é para amadores. O desejo humano de fazer da consciência um sonho ou uma utopia pressupõe libertar-nos do trauma de nos descobrirmos a nós mesmos. O sujeito que percebemos em nós e que nos responsabiliza por nós mesmos rejeita imperfeições e fraquezas, pois admitir sua vergonha é totalmente contrário ao nosso instinto de tutelar e defender a nós mesmos. E não há saída porque, mais cedo ou mais tarde, a imagem de si será refletida e o pesadelo ganhará a forma de uma realidade – uma realidade pessoal. Não há fuga para os que acabarão refletidos para si mesmos!

consentir

O consentimento é o oposto da resignação. Resignar-se está associado à desistência e à rendição. O consentimento, ao contrário, é a participação no fluxo da vida. Não se trata de controlá-lo, mas de se aprazer com o caminho, com o percurso à frente – como na deliciosa experiência de descer a corredeira de um rio, em que, em vez de entrarmos no modo medo, apreciamos a sua velocidade, o vento no rosto e a mais profunda relação com a vida. Nesse caso, a nossa participação não consiste em domar o destino; mas, com poder e presença, intervir no melhor fazendo o máximo por ele! E intervindo no pior fazendo o mínimo!

conspirar

O imaginário humano se nutre de tramas e fabulações. Suas características são a mobilidade e a inquietude, e não se pode de todo domesticá-lo. O que o alimenta são as emoções, sempre tão impetuosas e voláteis. Não surpreende, portanto, que frequentemente as emoções do medo, do perigo e da preocupação acabem sendo as principais roteiristas de nossos devaneios. Imagine como seria se você pudesse criar uma dramaturgia inversa, como a de uma paranoia em que todos conspiram para lhe fazer o bem e lhe fazer feliz! Que olhar você teria então para o mundo à sua volta? Empatia e simpatia inundariam a sua realidade, e uma imensa gratidão substituiria a desconfiança e a insegurança! Esse mundo tão improvável, inverossímil e apartado de nós por sua própria impossibilidade – assim achamos! Está, no entanto, disponível com uma simples inversão imaginária. Experimente e conheça a potência de intervir nos seus cenários imaginários!

constante

A mudança é a única constante universal. Mesmo as leis da natureza o são até que não sejam mais. Sua cama se move pelo espaço girando em torno do Sol; estrelas e corpos celestes desaparecem e se fundem; o próprio universo se expande e, talvez, outros já existiram ou existam! Acolher e se alinhar às mudanças é a melhor maneira de evitar vertigens e tonturas. A criança, o adolescente e o novato que um dia fomos, bem como o ato de trazer filhos a este mundo, são algumas dessas ocasiões de metamorfose. Elas representam despedidas marcadas por triunfo e propósito, e também por lembranças mágicas de momentos em que estivemos abraçados e sustentados por essa constante. E é agarrados a ela, também, que nós nos amparamos no final da vida. Que aprendamos então a reconhecê-la e a celebrá-la, sempre! Boas mudanças!

contentamento

O contentamento é a plataforma onde giram a gratidão e o amor; ele é a nascente dos sentimentos de aprazimento e restituição. Nele está a consciência da benesse e da dádiva que é a vida. Portanto, é uma experiência humana. Outras espécies experimentam o estar feliz – e até o estado de felicidade – em momentos específicos, e o fazem até melhor do que os humanos. No entanto, não conhecem o contentamento próprio à condição consciente de estar feliz. É este último que permite a gratidão e o amor conscientes, que as demais espécies só conhecem inconscientemente pela sensação de felicidade.

continência

A lição mais difícil em matéria de autonomia é ganhar independência em relação aos desejos. Eles são nossa bússola, mas cabe a nós dar-lhes uma direção. É fundamental o sujeito desenvolver um senso crítico ao mesmo tempo fino e poroso diante dos desejos, sem permitir que estes se tornem necessidades. Essa é a maior tarefa da maturidade. Em um cenário em que a ingenuidade reina absoluta, parece até cruel termos tal expectativa. Porém, é impossível avançar e dar musculatura à nossa consciência se não nos impusermos continências. O sonho de liberdade para se fazer o que quiser, expressão da soberania de si, só vale efetivamente quando em oposição a outro desejo. No que diz respeito ao nosso desejo, devemos ter voz própria para além dele – pois ele nos representa, mas não nos personifica. Por ignorarem esse fato, muitos perdem presença afogados em desejos atendidos. Viver é uma arte, e cada um de nós é a sua mais sagrada obra!

controle

A plenitude da maturidade não tem a ver com certezas, mas com incertezas. Imaginamos que o discernimento da experiência vem do saber, quando é muito mais sobre lidar com o que não se sabe. Na juventude, pensamos que é a expansão do controle sobre o mundo que nos trará domínio e potência. O mundo, no entanto, não é previsível para que se possa subjugá-lo. Muito pelo contrário, temos que aprender a surfar em sua natureza selvagem e rebelde. E calibrar a entrega ao caos da multiplicidade do mundo não tem a ver com submeter-se ou impor-se, e sim com conhecer o fluxo e as correntezas e aprender a acompanhá-las. Quem encontra esse ritmo sintonizado flui com tanta precisão e graça que parece estar parado, estático, quando em realidade está apenas em movimento coreografado com a vida.

convencimento

O convencimento é como um coice intelectual! É uma colonização da sua opinião. Convencer é palavra revestida da sensação de parceria ("con"), porém centrada no objetivo de "vencer". A estratégia de convencer alguém é baseada em insegurança, provavelmente para reforçar o seu próprio convencimento! O intelecto não quer vencer, porque esse é sempre um desejo emocional. O intelecto quer aprender e se moldar plasticamente; é a presença do desejo de vencer que deflagra o alarme inerente ao intelecto para que este se blinde contra intrusões externas. Nosso sujeito está no mesmo *locus* do pensar: se ameaçado, o pensar deixa de ser reflexivo e entra em modo de defesa e refúgio em relação à própria identidade. Convença-se a não convencer e você verá que abrirá espaço para a ampliação e a atualização do seu pensar. Intelectos nunca vencem ou perdem; não são soma-zero. Quando um cresce por entendimento, automaticamente os dois se alargam.

convicção

Em tempos de controvérsias, não é raro encontrarmos pessoas cheias de convicções e certezas irrefutáveis. Esse é o lugar mais fértil para a estupidez, cuja definição é a falta de bom senso e discernimento – atributos que se produzem quando elaboramos cinquenta tons de cinza sobre qualquer tema, em vez de entendermos o mundo em preto ou branco. E o horror de tudo isso é que um estúpido rapidamente consegue tragar você, tornando-o também um estúpido! Pois ao tentar reestabelecer o equilíbrio refutando os argumentos tendenciosos de um estúpido, descemos ao mesmo nível. E eis que de repente nos tornamos definitivos e incontestes, tal como ele. Uma vez nesse terreno de batalha em que o estúpido é um perito experiente, fatalmente ele irá suplantá-lo! Moral: não perca nem seu tempo nem a disputa com esse tipo.

cooperar

Nada é mais natural do que a cooperação! Então, como pudemos naturalizar a ideia de competição? Por que vemos tudo – até mesmo a nossa origem – pelo prisma de uma seleção competitiva? Isso provém do fato de sermos predadores. Os humanos – e muitas das espécies que sob certos aspectos se assemelham a nós – não conseguem gerar energia. Para obtê-la, consumimos espécies que geram essa energia. Por sermos dotados da capacidade de nos superarmos em nossa autoinsuficiência, predando para sobreviver, isso se tornou uma percepção da realidade. Competir não é a norma da vida, e sim o cooperar. Não existe um único ecossistema sem cooperação, mas foi a exceção representada pelos predadores – tolerados pela abundância da vida – que se impôs como norma. Estamos falando de uma cooperação que não é moral, mas sistêmica. O ser humano depende de sua ética e de sua tecnologia para ser autossuficiente. Com elas, poderia contribuir mais para o sistema da vida, em vez de se tornar mero consumidor e dilapidador da vida. Que espécie pequena é essa que precisa de um bom churrasco para existir?

cordel

A tarefa do poeta de voar "fora da asa" é a de romper com os limites de qualquer prosa, por mais imaginária e viajante que esta seja. Na imaginação há a supremacia da mente sobre o coração. Poesia, ao contrário, é conseguir fazer o coração dominar a mente com uma linguagem sedutora o suficiente para se passar por um pensamento. A mente, fascinada pelo que parece ser uma ideia, desperta atordoada para a sensibilidade, vendo que foi enganada: lhe fizeram pensar um sentimento! Nesse jogo entre pensar e sentir, nada mais jocoso que o cordel, em que poesias ingênuas de confundir o pensar por meio da rima fazem parecer que o sentido está no razoável, quando ele está no lúdico, no brejeiro e no libertino!

cores

A relação entre as cores e o pensamento é total. As cores não existem, são apenas diferentes comprimentos de onda percebidos pelo cérebro. As emoções também são leituras do nosso cérebro, que detecta diferentes "comprimentos de sensação" e elabora a emoção a ser decodificada. E assim como há cores primárias (azul, amarelo e vermelho), há emoções que são primárias (alegria, medo e afeto). Já as cores secundárias, que são azul-amarelo (verde), o amarelo-vermelho (laranja) e o azul-vermelho (roxo), equivalem-se a: a tristeza (alegria e medo), a raiva (medo e afeto), a surpresa (alegria e afeto) – e assim por diante, com as cores terciárias e suas respectivas emoções. Faça a sua lista! Os pensamentos colorem a vida, e as cores tingem os pensamentos. E assim como você pode escolher olhar para cores específicas, também pode evocar emoções específicas e colorir seus pensamentos como quiser!

correção

Na correção das medidas, o minguado é mais difícil de corrigir do que o excessivo; e assim como a pressão arterial é mais fácil de baixar do que de aumentar, o parco e o diminuto também têm essa propriedade. Por exemplo, no caso dos riscos inerentes a algumas operações financeiras e investimentos, quem exagera logo aprende, pela experiência, qual o custo da exorbitância. E o custo pode ser alto, mas nessas situações a vida ensina com maior facilidade justamente por expor o indivíduo à dor e à perda. Já no caso de sermos módicos e tendermos ao que é exíguo, fica bem mais difícil, pois o menos ainda aparenta ser uma virtude; resulta daí que a cautela camufla o medo e o mísero produz penúria. Mas a vida não vai bem pelo pouco e pelo medíocre, assim como não vai bem pelo excesso e pela sobra. Porém, descobrir a própria penúria é bem mais laborioso do que tomar consciência de sua exorbitância. Incrível pensar que possa haver maior malignidade ou toxicidade no pouco do que no muito!

corrigir

Admita seu erro antes que ele saia dos seus domínios e outro o encampe e exagere, coisa natural de acontecer porque o outro não conhece os bastidores, apenas você. É muito provável que, a partir de experiências passadas nas quais titubeamos e outros alardearam nosso erro, tenhamos desenvolvido o medo de confessar. Na maior parte dos casos, os nossos progenitores são os primeiros a interceptar um equívoco não assumido e, com a melhor das intenções, ampliá-lo com objetivos educacionais. E, ao contrário do que se espera, isto é, que por conta desse tipo de experiência saiamos correndo para abraçar e autografar os nossos erros, acabamos ficando em pânico de admiti-los. Assim, em vez de nos apropriarmos do que é nosso, nós o ocultamos ou negamos exatamente pelo terror de que outro possa encampar nosso deslize. Reivindique o que é seu, inclusive os seus erros! Eles estão melhores em sua posse do que na de qualquer outra pessoa!

criança

Nunca deixamos de ser crianças, apenas aprendemos a nos comportar como se não o fôssemos. Continuamos crianças para sempre, para o bem e para o mal. Para o bem, porque há uma espontaneidade e ingenuidade que para sempre nos acompanha; para o mal, porque permanece uma crueldade objetiva da natureza que nós humanos denominamos infantilidade. É infantil sermos egoístas, é infantil sermos imediatistas, é infantil sermos ciumentos! O mais importante, porém, é estarmos atentos à presença constante dessa criança para que, uma vez alertados de sua potência, possamos evocá-la para a alegria e o prazer, mas também restringi-la quando sua imaturidade não nos representa. Se você duvida da presença dessa criança, faça o teste! Fique sozinho, sem ninguém por perto, e ela aflorará de imediato!

criar

Se a pintura é poesia sem palavras, a poesia é pintura sem imagem. Porém, nada produz tantas palavras ou silêncios (que falam tanto!) quanto uma pintura: a imagem contém tantas palavras que estas precisam estar compactadas para serem reveladas por quem se comunica com a obra de arte. O mesmo se dá com a poesia. Haverá algo mais visual do que um poema – que multiplica imagens de tal modo que uma única tela nem sequer o suportaria? Do mesmo lugar a partir do qual a alma visualiza para dentro, ela também declama para si. É dessa cena e dessa conversa consigo mesmo que se cria. E toda criação é holográfica, ou seja, a parte inclui o todo e o todo contém a parte. O pincel e o verso se despejam igualmente sobre a tela e o papel, diferindo apenas no sentido e no modo como afetam. O lugar de onde a pintura e a poesia provêm – e para onde se destinam – é o mesmo.

criação

A criatividade não é apenas inventiva, mas também aplicativa. Saber atrelar alguma função ou uso a uma finalidade específica é a grande capacidade adaptativa humana. Isso provém dos primeiros instrumentos e apetrechos da nossa espécie, que estabelecem a arte do artifício e do artefato. E vale dizer que nós apreciamos o design e a funcionalidade com o mesmo senso de grandeza artística. Inclusive, a arte estética ou plástica teve que se diferenciar da pura aplicabilidade, definindo-se como destituída de função. Isso porque a arte é sempre matéria rebatida sobre relevos e relevâncias humanas. Os museus, por sua vez, mostram design e soluções operativas com deslumbramento e apreciação criativa. Quem criou a coluna e quem criou a roda é talentoso; quem criou as quatro rodas e as quatro colunas é um gênio, porque possibilita o até então impossível! A grande maioria dos prêmios Nobel foram concebidos e reconhecidos mais por suas aplicabilidades do que por puros conceitos!

criatividade

A criatividade é a inteligência se divertindo porque a alegria é um efeito da liberdade. Nada é mais livre do que a crítica, capaz de censurar e desaprovar até as próprias ações e escolhas. Enquanto a alegria do corpo é ditada por emoções vividas sem constrangimentos, a alegria produzida pelo intelecto é transcendentalmente divertida. Sua diversão, no entanto, não é meramente para se distrair ou para se alhear. A criatividade alegre da inteligência é focada e brilhante porque é totalmente autônoma e descompromissada com relação à influência externa. Muito diferente é o uso da inteligência para se afastar da vida e para se ensimesmar. É isso que fazem os jogos e entretenimentos, que sequestram o intelecto e seu foco em proveito de espaços limitados e condicionados. Distrair-se no sentido de alienação e dispersão é o contrário da criatividade!

crítica

Uma ilusão constante é acharmos que o pensamento é crítico. Só o pensar é que é crítico. Os pensamentos são acríticos e se amontoam por disparos que vêm de todo tipo de estímulo: podem ser provocações dos sentidos, do olhar ou do escutar, ou podem ser estímulos das emoções. O problema é que achamos que, porque pensamos em algo, devemos acreditar naquilo que estamos pensando. Mas, na verdade, temos que passar nossos pensamentos pelo crivo do pensar, da crítica. Ou seja, o pensar é um ato que tem a legitimidade e a representatividade do sujeito – o que não ocorre com um pensamento. Os pensamentos não são atos de consciência porque são involuntários e reféns de sentidos e sentimentos. Já o pensar enquanto ação crítica é o inverso disso; ele é justamente a imposição de razoabilidade aos impulsos involuntários dos sentidos e das emoções. Não acredite nos seus pensamentos antes de pensá-los!

cuidado

A preocupação antecipa um perigo ou ameaça, e esse estado de alerta nos atemoriza e intimida, resultando em estresse, que é a alteração do nosso estado emocional. Essa aflição não transmite carinho, mas alarme. Já o cuidado é completamente diferente: ao contrário da preocupação, ele não antecipa infortúnios e sinistros, mas propõe precaução e juízo. Um sugere "tensão" e o outro "atenção"; um traz esgotamento e abatimento, o outro desperta e revigora. Interessante pensar que as pessoas atentas são aquelas que foram cuidadas!

cuidar

A capacidade de cuidar sabe mesclar repreenda e acolhimento. A descompostura é uma ação que nos afasta e nos coloca na defensiva. Só o amor que nos aceita verdadeiramente, que nos traz sensação de pertencimento sem qualquer condição prévia, tem a potência de cobrar e dar bronca num mesmo ato afetivo. Em nenhum momento a crítica é contra a pessoa em si, mas ao próprio feito; ao ato, apenas. Essa garantia de que não estamos sendo julgados apesar do veredicto manifesto é uma relação única – razão pela qual as mães, aliás, podem ensinar tanto apenas por meio da confiança que depositamos nelas. E é pelo valor dessa confiança que pela primeira vez aprendemos a ir contra nossos instintos, introduzindo-nos no âmbito da civilidade. A disciplina e a autoridade não conseguiriam nada se não fosse esse amor, o qual parece nos representar tão legitimamente quanto nossas emoções e nossos sentimentos.

culpa

A culpa é, por assim dizer, a máfia da mente – devido à sua estrutura e aos seus métodos. Como estrutura, a máfia é anônima, inserida de forma oculta em todos os setores da sociedade e das esferas institucionais; enquanto metodologia, ela aterroriza, ao mesmo tempo que se vale de toda uma moral radical pervertida em senso de fidelidade e devoção. Pois bem, a culpa funciona de forma semelhante na mente humana: estruturalmente, ela se apresenta como uma voz anônima e autoritária, seja como Deus, seja trazendo o timbre particular da voz de nossos pais ou patrões. Como método, ela busca detalhes e memórias mais sórdidos de nós mesmos para nos chantagear. Além disso, por trás de uma agenda moral, há um interesse absolutamente manipulador e corrompido!

D

dançar

A dança é um poema de movimentos. Assim como as palavras são coreografadas em um poema para fazer bailar a linguagem, impedindo-a de se solidificar em frases, também a dança faz seus movimentos em versos para preservar a graça; e o mesmo driblar que a dança faz para evitar o automático e o rijo, o poema faz para evitar a lógica e o nexo. A dança e o poema se identificam com o que é fluido – as ondas ou o vento. Essas, a água e o ar, são as matérias que os representam. Já a terra e o chão manifestam a prosa e o desfile, arroubos da mente e não do coração.

decepção

O maior custo de nossas decepções é a perda da confiança. E, como tudo, mesmo a tão respeitada experiência pode ser uma desvantagem. Isso porque a suspeita produz um paradoxo: por um lado, estar prevenido e "armado" nos livra de certas situações, mas, por outro, atrai muitas outras! De tal forma que a suspeição acaba sendo uma profecia que se "autorrealiza"; ela se cumpre justamente por suposição! Os desconfiados jurarão a eficácia de sua estratégia, mas não percebem que são como para-raios em dia de tempestade. É melhor que estejam bem "aterrados" mesmo, porque ali cairão todos os raios! E pior: na maioria das vezes, eles são portadores de para-raios em dias de pleno céu de brigadeiro, pagando por isso o ônus de viverem constantemente alarmados. Mas a paz é tão valiosa que, de tanto em tanto, convém você se molhar um pouco, com o benefício de até, quem sabe, se surpreender e reconstruir a sua fé na pessoa humana.

decisão

Não há decisão até que haja ação! Costumamos nos enganar quando achamos que algo que foi decidido em nossa cabeça, como ato mental, foi de fato uma decisão! Toda decisão que se dá apenas em pensamento não passa de procrastinação; e "grandes decisões", nesse contexto, fatalmente acabam presas dessas pseudodecisões. "Já me decidi!" é a mais contundente expressão de indecisão! Quem decide já está fazendo, e não "vai fazer" logo ou imediatamente. "Já faço!" é uma enrolação a si mesmo ou aos outros. Quem sabe faz a hora, não espera acontecer! A decisão mental é mais do que um sonho sem realidade: é uma estratégia para evitar a tomada de decisão. Quando alguém lhe disser que já decidiu, conteste a veracidade dessa afirmação!

deixar

Só prestei atenção ao verbo "deixar" quando, certa vez, eu estava num pequeno armazém na Bahia. Nessa ocasião, havia tanta variedade de frutas que comentei: "Puxa, aqui dá de tudo!" E a atendente completou: "Aqui na Bahia, não só dá como se deixa!" Percebi então que dar não é suficiente se, além de largar, não "deixamos" também! Consentir e liberar é bem diferente de meramente dar, porque significa conceder de maneira mais profunda, algo bem maior do que apenas ceder ou "com" ceder. Como se, além de transladar a posse, fosse oferecida uma bênção, uma anuência que confirma e faz desapegar do que é dado. Temos que "deixar" porque a paz é o estado em que deixo você, e vice-versa. Sem essa conduta permissiva – mutuamente permissiva –, a única alternativa que resta é o policiamento constante e eterno das interdições; opção essa que, por sua vez, é o recíproco impedimento. Vamos deixar mais! Nenhum "deixar" passa despercebido!

desafetação

A inocência é um modo discreto da mente funcionar. Não se trata aqui da discrição do comedimento ou da timidez, muito pelo contrário: por vezes a inocência é expressiva e ruidosa. A reserva e a desafetação provêm do fato de a pessoa não ser autoconsciente de suas ações, não se autojulgar ou se criticar em excesso. Assim, ter inocência é ter uma tênue percepção de sujeito, e não possuir aquela opacidade que isola o interior do ser humano do seu exterior. É por isso que, quando se é inocente, a vergonha cai a índices muito baixos e a repressão fica menos continente. Para quem olha de fora, pode parecer que essa pessoa é "sem noção", quando se trata apenas de uma serena liberdade! Os que se dizem crianças até hoje não o são de fato, porque a infância é a inexperiência do que ainda não se viveu (é quando a criança em nós produz o efeito indesejado da infantilidade). Os que assim se definem, em realidade, são os inocentes. E essa é a única forma de infância que se pode e se deve carregar para a maturidade! Seja desafetado e perceba-se menos em sua relação consigo mesmo!

desajuizado

Todos nós amamos e odiamos errado. Isso acontece porque é da essência da emoção não ser ajuizada. As emoções são produzidas pelo apelo do que atrai e do que repele. Não há nenhum componente de juízo em sua manifestação, por isso é comum estarem associadas a equívocos. Quem olha de fora pode inclusive alertar para o que é conspícuo e ostensivo. O observador externo, é claro, está imbuído de coerência e critério, mas quem sente não está nesse universo. Não estamos rendidos e impotentes diante de nossas emoções, porém, só com a experiência nos tornamos capazes de nos contrapormos a elas com eficiência e sublimá-las. O que é importante saber é que o erro é um efeito colateral de se estar no modo emoção. Claro que não queremos sentir os efeitos prejudiciais de nossos erros! No entanto, devemos, pelo menos, descartar a culpa – já que as emoções não se equivocam, pois não sabem sequer o que é esse conceito. Elas simplesmente pagam o preço existencial de seu afã, e ponto-final!

desapego

Começar é sempre um rompimento. Podemos chegar à borda do trampolim, podemos ter o desprendimento necessário para pular, mas o momento exato de fazê-lo é sempre involuntário, como propõe o poeta. Todo início é involuntário porque entre a decisão e a prontidão há um momento que não é exatamente nosso, mas da vida. Nada começa sem o aval dela, e é isso que faz com que qualquer deliberação esteja compelida a isso, impondo-se à nossa revelia bem no instante de desapego que marca qualquer início. Esse pensamento não é uma apologia à passividade, mas um alento a quem acha que os que avançam decididos são heróis capazes de deslocar-se ao precipício dos inícios e dos começos. Saiba, porém, que sempre há um empurrão neste trampolim, um esbarrão da vida! Sim, é verdade que é necessário chegar bem à pontinha do trampolim para que o involuntário se manifeste. No entanto, é saudável aperceber-se sempre da presença de forças involuntárias que estão ao nosso redor!

desapontamento

A confiança não pode nascer de uma expectativa, porque esta última representa uma espera e contém uma cobrança. Quando há expectativas demais, viver a sensação de decepção ou até de traição é algo comum. Nesse campo, o único que não nos trai é o inimigo! Pelo contrário: além do fato de que qualquer ação sua nunca se configurará como uma decepção, o mais ínfimo movimento seu que venha a possuir sentido positivo causa uma boa impressão. Por não existir expectativa, os inimigos nunca traem! O importante, portanto, é construirmos confiança sem expectativa. Os riscos são sempre grandes, mas o retorno de não perder a confiança é enorme. O grave é quando, para não nos decepcionarmos, acabamos tratando a todos como inimigos unicamente para usufruirmos da certeza de que não seremos traídos!

desatento

Para sentir, temos que estar distraídos, diz o poeta. Quem nos habita sequestra o sentir numa mera fração de segundo e o pondera. E o sentir se faz um senso que, bom ou mau, já não mais se sente. Distraídos, nos encontramos mais do que quando concentrados; é que a nossa presença transforma o ser em estar, e de imediato já não somos mais. Ser e estar são antônimos e não há ubiquidade para os dois! Ou se está, ou se é. A única experiência em que ambos se confundem é no sonho e no devaneio. No sonho o "ser" abduz o "estar"; já no devaneio, é o "estar" que arresta o "ser". Se quiser passear consigo, distraia-se. Caso contrário, o pensar vai se passar pelo seu sentir.

descanso

Domingos também têm sido dias de distração nesses tempos em que vivemos distraídos, solapados por mensagens, imagens, anúncios e curiosidades. De algum modo, esse se tornou o tom dos nossos dias.

Deveríamos, contudo, reservar um descanso para podermos gerar alguma pausa nessa distração: esses dias de atendimento a si mesmos podem muito bem ser um distanciamento efetivo de todas essas interrupções. Lembro-me de um escritor colombiano que havia muitos anos eu encontrava numa fila de banco. Quando lhe perguntava como estava, ele dizia: "Vivendo mais uma interrupção." Domingo deveria ser um dia sem interrupções, sem parênteses impostos! Dê a seu domingo a continuidade de si próprio; que sensação boa, essa de estar consigo de forma menos soluçante!

descolar
Quando as coisas vão numa certa direção, não precisamos ir com elas. Podemos largar um destino e nos separarmos daquilo que nos acontece. Se por um lado não temos controle sobre eventos e resultados, por outro também não há razão para acharmos que o destino é nosso, pessoal. Sim, as coisas acontecem, mas não precisamos "acompanhá-las" e nos identificarmos com elas. Essa atitude pode nos tornar independentes e descolados desse destino, podendo então seguir por outra direção. Deixe para lá a sensação de ladeira abaixo, pois a distância entre o lugar para onde não se quer ir e o que se deseja ir é somente uma questão de meia-volta! Espere esse simples movimento, e não endosse a tendência que o leva para baixo.

desconversar
O ato de desconversar é o oposto do silêncio porque, ao contrário deste último, no desconversar não há ausência de som, mas sim um berrante ruído: ele é formado por tudo o que não pode ser falado e por diferenças que afastam (ao contrário da fala, que aproxima). A fala é um vínculo onde o desconversar é uma distância. E nós traduzimos esse afastamento desconversando porque é insuportável imaginar a intimidade com um estranho, com um longínquo.

Muitos casais se perguntam se deveriam se separar, quando, na realidade, já estão separados! A pergunta é se deveriam se reaproximar e retomar a vida conjugal. Quem for sensível não irá aguentar o ato de desconversar, com seus decibéis ensurdecedores que gritam e impõem distâncias. O universo é frio não por nele não haver silêncio, mas sim por haver "desconversas" colossais e as distâncias astronômicas que elas impõem!

desculpa

Desculpar no sentido de anistiar arruína a desculpa, porque sua função é demonstrar culpa! Não a culpa que intoxica a alma, mas a verdadeira contrição por nossa responsabilidade. Quando tentamos nos "des"culpar antes de acolhermos a culpa, não reconhecemos o status de nossa posição numa determinada relação – ao contrário do que se dá com outras espécies, quando estas baixam a cauda ou gesticulam, demonstrando a aceitação de uma condição (que elas comunicam). Portanto, nunca adiante uma justificativa ou escusa, porque o sujeito da "desculpa" a ser dada não é o outro. Antes, invista na absolvição e no indulto de si mesmo! É você que se desculpa, não o outro. Essa inversão, portanto, não atende à dor do outro, mas à sua própria. O instinto é nos inocentar, porém o pedido de desculpas deveria fazer exatamente o oposto!

desejos

Os desejos são o combustível da vida. A alegria é a vela de ignição, e as emoções são o pistão da correia do coração. Esse é o conjunto que nos move, a mecânica cinética da vida. Obviamente, não pode faltar desejo para a combustão, senão ficamos catatônicos. O estado de enfado ou de desinteresse difere da melancolia de um tanque vazio. O tédio é um combustível adulterado, um desejo por desejos ao invés de ser um desejo por movimento. Não há arranque porque o desejo por desejo queima sem explosão. O sistema tem que estar integrado! Essa queima de desejos que funciona como elemento desarticulado, com desejos que não estão ligados no conjunto, é responsável pela prostração e pela depressão. Desejos devem ser alegres e ter um propósito, senão eles rateiam e ficamos no acostamento da vida!

desigual

As relações humanas são difíceis porque somos ao mesmo tempo muito iguais e muito diferentes! Nossas questões surgem ao tratar o igual de modo diferente e, vice-versa, o diferente de modo igual. Pior, somos iguais no que é diferente e diferentes no que é igual. O que causa isso são nossas sensibilidades e nossos discernimentos, que são extraídos de naturezas idênticas, mas de experiências distintas; de instintos semelhantes, mas de sentimentos diversos. Tudo isso faz de uma essência uma coisa única, com corpos pessoais e particulares. Então, nunca sabemos como somos para o outro ou o quanto lhe custamos. Cientes disso, o outro bem pode se apresentar assim para nós, ou seja, tão familiarmente exótico!

desinformação

Evidências não convencem idiotas porque sua convicção não é baseada em fatos ou informações. Por isso vemos tantas discussões inúteis nas redes, o que explica também a perplexidade de tantos quando não conseguem convencer por sensatez. "Idiota" é palavra que se popularizou como um xingamento, mas é apenas a designação daquele cujo princípio ou opinião é impenetrável pela razão. Mais objetivamente, é aquele que é conduzido e governado por emoções. Assim, não é a razão ou a falta dela que tornam uma pessoa um idiota, mas o excesso e o desregramento das emoções. É curioso... Não há maior congraçamento do que no encontro de dois idiotas... Assim é.

desistir

Tão importante quanto não desistir, é desistir! A mensagem que nos diz para sermos perseverantes e resilientes deve sempre ser balanceada pelo discernimento daquilo que não podemos fazer e daquilo que, sim, podemos fazer! Muitas vezes insistimos em vencer impossibilidades baseados apenas na crença de que sua inviabilidade se deve ao fato de termos desistido de persegui-las. Porém, a coisa não é tão simples quanto apenas renunciar ou se resignar: é que existem tantas outras coisas que podemos realizar, e que competem por nosso interesse e esforço! O ato de ceder não precisa ser uma rendição, mas pode manifestar a capacidade de reconsiderar e, por critério, mudar parâmetros. A obstinação pode não ser uma forma de progredir, mas também de emperrar!

desobediência

A irreverência é a alma da liberdade. Não é possível ser livre e, ao mesmo tempo, continente. Sem algum grau de descontração, a liberdade se faz um consentimento, uma autorização; as pessoas reverenciam a aprovação e a aceitação dos outros e deixam de ser livres. A liberdade demanda não estar nem aí! Entretanto, não confunda isso com desrespeito. O sujeito do descaso não é o outro, mas nós mesmos! E o objeto do desdém não é a norma, mas a expectativa!

desperdício

A percepção faz a realidade! Se você acordar e se der conta de que 100% da sua vida se disponibiliza para você, a sensação será de plenitude, e não de descontentamento pelo que perdeu ou desperdiçou; fez errado ou estragou – está tudo zerado e pleno de possibilidades! Estar diante desta tela em branco, imaculada, para realizar o que a sua alma indicar é a definição mesma de alegria, de regalo. A vida é sua agora, totalmente potente e criativa. Desfrute, deleite-se, divirta-se!

despertar

A parte mais linda da consciência é a sensação de que estamos prestes a despertar; a sensação de acordar, de estarmos acordados. Como se percebêssemos que há pontos cegos, dormidos, em nosso olhar para a realidade. Esse tipo de lucidez não nos desperta, apenas revela o nosso sonambulismo. Acordados, porém, podemos perceber o abestalhado da nossa falta de sensatez e a distância ainda a percorrer na direção do bom senso. Despertos na nossa vigilância, também usufruímos dos benefícios de estarmos alertas em relação à nossa sonolência. Quanto maior essa percepção, maior será o seu investimento para o despertar. Quem está acordado não vive apenas o que é cônscio e sabido, mas também o que está por alvorecer na clarividência. Assim, é mais bonita e iluminada a aurora!

destaque

Por que nos preocupamos tanto em não destoar quando a nossa vocação está em nos destacar? A autenticidade é uma linha tênue. Por um lado, não há por que viver enlouquecidos para nos salientarmos ou sobressairmos no sentido competitivo da palavra, pois ao fazermos isso nos perdemos, colocando a preocupação com os outros acima de nossa naturalidade. Por outro, se nos conformamos para tentar nos encaixar em grupos, perdemos o tônus do nosso sujeito. Na fundamental relação entre Eu e Tu, não há possibilidade de o "tu" existir de forma saudável se o "eu" não estiver bem elaborado. A armadilha de privilegiar o "tu" cria ou os competitivos ou os "bonzinhos" frustrados e reprimidos. Aprume-se e encontrará equilíbrio!

destino

Não há destino a não ser onde não há escolha. O universo se move por interações plenas de fatalidade e inevitabilidade. No entanto, o racional e o irracional em nós rompem com esse vazio cósmico. Sim, somos pequenos o suficiente para não termos a menor relevância. E quando nos alienamos das nossas escolhas, mesmo as irracionais, entramos em sincronia com o inexorável. Mas a morte é uma forma de previsão que só pode ser confrontada com o viver. O livre-arbítrio, nesse sentido, pode não mudar o futuro relevante, mas é capaz de fazê-lo quanto ao presente imprevisível, além de flexibilizar as Leis do Universo! É uma exceção tênue como um efeito de borda que, ao mesmo tempo, nos empodera – como pequenos deuses. Não seja engolido pelo universo, domine-o confrontando-o você mesmo e imploda o destino!

deus (1)

Deus não é para amadores! Ele implica experimentar a realidade sem entendê-la; deparar-se com a injustiça e não desalentar; e conhecer o infortúnio sem desesperar. Para os que não conseguem lidar com essas condições de Deus, a religião é uma alternativa! Pois a religião racionaliza por meio de redundâncias que parecem responder à pergunta anterior, quando na verdade são apenas diferentes versões da própria pergunta, produzindo a sensação de entendimento e de lógica. O Deus de Jó não é o Deus da graça, do milagre e da compaixão: seu Deus é o Deus da realidade, para o qual a graça convive com a desgraça, a justiça com a injustiça, o desdém com a misericórdia. Para que Ele exista, tem que ser perpassado por fé e sensibilidade – elementos que as religiões costumam evitar por meio de certezas e doutrinas. Para as religiões, é Deus que serve e os serviços são sempre Dele, expressos em ladainhas de encargos e expectativas.

deus (2)

Não faça uma criança conhecer Deus pela mente. Sua alma está no coração e não reconhecerá a fonte sob o manto das ideias e conceitos.

Com os adultos, no entanto, é o contrário: para estes, é com discernimentos – e não com emoções – que encontrarão o seu Deus. As heresias estão nos adultos que não ponderam e são passionais em sua espiritualidade; bem como nas crianças que com teologias e crenças cerebrais manifestam sua religião. Inicie as crianças por afetos e os adultos por sabedoria. A inexistência de Deus está no desencontro!

diferença

A consciência nos ofereceu a vida para além da existência. É por isso que somos os únicos seres mortais. As demais espécies são "inexistíveis", porque podem deixar de existir – mas nenhuma delas morre. Só morre o que é vivo, o que tem consciência desperta de sua presença e pessoa. O que dá conteúdo à vida é a diferença que fazemos e o impacto que causamos no mundo. O ser humano faz a diferença porque apreciamos o que fazemos e precisamos desse propósito para atender à nossa lucidez. Esse é o voo de Ícaro, filho de Dédalo, na mitologia grega. Criador do labirinto de Creta, ele tenta decolar utilizando essa arquitetura (que é semelhante ao cérebro) para ganhar velocidade em seu salto. Suas asas derretem, mas ele voa. Foi preciso esperar Santos Dumont, mas Ícaro já havia feito a diferença!

dinheiro

Nada é um valor puro, tudo implica em custo. O dinheiro tem um custo embutido exatamente porque não tem um uso específico, trata-se apenas de um ativo. Se você sacrificar ou trocar algo importante por dinheiro desnecessário, terá pago um custo. Não é simples ver isso, mas na economia da vida nem sempre o rico foi quem colheu o maior lucro.

disciplina

Disciplina ou arrependimento: essa é a batalha de todos os momentos, a mãe de todas as decisões! Seria fácil se a dor do arrependimento fosse muito maior do que a da disciplina. Porém, nem sempre temos essa certeza! – razão pela qual costumamos preterir a disciplina, cujo desconforto na rotina pode ser desagradável. E há os efeitos colaterais: o da obsessão pela disciplina é a culpa; o da escolha pelo arrependimento é o desleixo. Seja como for, não se esqueça de que o arrependimento é sempre o resultado de uma indisciplina, o que não quer dizer que toda indisciplina leve ao remorso. Há displicências que valem a pena!

distância

A intimidade é uma distância, mas, por pensarmos que é uma proximidade, erramos a mão. O difícil dessa distância é que ela não pode existir partindo de você em relação ao outro, mas sim do outro em relação a você, isto é, segundo o que o outro determinar, e vice-versa. Ou seja, trata-se sempre de uma fusão de si, não do outro. Assim sendo, a dissolução de cada um encontra, na justa distância, a barreira necessária (aquela a ser mantida), enquanto se perde; e também para se proteger, enquanto se entrega. Alargar ou estreitar essa distância é perder a intimidade. E, por ela ser tão intensamente interdependente, é sempre muito difícil corrigir o movimento feito e repará-la.

distração

Utilizamos a palavra distrair de forma positiva no sentido de espairecer ou entreter-se. No entanto, a distração é o principal agente do mal. Distrair-se é se separar da sua alma e do seu querer. É um vírus que aprendeu o DNA do seu querer e consegue se passar por você e pelo seu interesse. E a distração o captura por um ponto diverso e sutil: abduzindo-o na direção de algo menor, que não é o principal! Ela está no sentimento de termos assistido uma série com várias temporadas; é uma recreação a serviço do desvio, algo que o ocupa e o afasta de si próprio. A alma não está na distração, lá está o fantasma! A alma é a essência, o fantasma é a falta, o vazio. O mal é o supérfluo; a parasita que se alimenta do seu tempo e da sua atenção, sugando o sumo da existência que se encontra na presença e na singularidade.

divindades

As ansiedades da vida são o único pesadelo que não nos deixa dormir! Em geral, o pesadelo é uma função dos sonhos e, por definição, acontece durante o sono. Como pode a vida desperta produzir pesadelos? A verdade é que a vida não é tão desperta como imaginamos... Coabita com ela, ou seja, com tudo o que está desperto, a função de um pensamento onírico feito de retalhos de temores e de divindades míticas. Jung, entre outros pensadores, chamou atenção para o fato de que o nosso raciocínio nunca é lógico ou apenas concatenado. Nele, residem alegorias vivas do nosso inconsciente coletivo que registram contornos e silhuetas da vida. Essas "divindades" ou duendes que margeiam o que é objetivo formam cenários reais que permitem sonhos despertos, assim como pesadelos. Nesse caso, porém, não há o recurso de despertar do sono e deles nos livrarmos! Aqui, a única saída é "despertar do despertar", por meio de terapias ou harmonizações.

domingo

O domingo é um dia de busca de alegria e ressonância. O grande problema desse dia, no entanto, é que a procura da alegria pode ser muito melancólica. Isso porque, no momento em que você quiser ficar mais alegre, deixará instantaneamente de estar! A alegria é uma disposição, e, assim sendo, ela é sempre o máximo – ou deixa de sê-lo! E não é por causa da sua arrogância de magnificência, mas sim porque ela não suporta simultaneidade; a alegria é um todo e só pode ser vivida assim, ou seja, sem dividir espaço com algum desassossego ou aflição. Querer ficar mais alegre é em si um paradoxo, já que a alegria é uma plenitude; transformá-la numa fração desolada não é possível. Por isso, as angústias de escolhas nos domingos são tão perigosas. Faça uma escolha... qualquer uma, e considere-a a alegria do dia!

dor

A dor emocional é o nosso sexto sentido, sendo o prazer emocional, o sétimo. A dor de Jung é o sentimento da "dor", representando inquietação e tormento. Trata-se de uma percepção essencial da autonomia e da ciência que temos sobre cuidar e gerir as nossas vidas. A dor norteia a presença, tanto quando se manifesta, quanto quando está ausente. O contrário dessa dor não é o prazer, mas a paz. E mesmo essa paz nada mais é do que o discernimento de que a dor está aplacada, aliviada. A consciência é a dor do sujeito, a dor do "eu". Foi ela que nos despertou – a maçã de outrora! Ela "abre os olhos", mas deixa no paladar um gosto de maldição.

dormir

O sono é uma fronteira entre sistemas simpáticos e parassimpáticos. Determinamos que queremos dormir, mas não temos como produzir o sono se não nos pusermos a ignorá-lo. Quanto mais você tentar comandá-lo, mais insone irá ficar. Um dos prazeres da infância é a facilidade que temos em ativar o sono. Isso acontece porque nessa fase da vida ainda não desenvolvemos todos os gatilhos de alerta e atenção que nos dificultam o dormir. É estranho, pois para sermos nós mesmos, não podemos viver apenas nossas faculdades autônomas, quer dizer, ser inteiro pressupõe também integrar a nossa esfera involuntária. A sensação de bem-estar é justamente a harmonia entre estar no controle e não estar – ao mesmo tempo! Nem o alerta pleno, nem o torpor isolado nos representam. Para o bem da sua saúde, aprenda a ignorar o sono: mansa e serenamente ele virá!

dubiedade

Tudo que o ser humano escolhe e delibera se contrapõe ao que ele nega e rejeita. Para a consciência, esse "não nós" de nossas não escolhas tem o DNA da nossa alma e as digitais o nosso espírito. O sombrio do que não escolhemos tem o nosso contorno e perfil e, surpreendentemente, não é feito de tons cinzas e soturnos, mas de tonalidades ultra coloridas! São as cores do nosso desejo, dos nossos mais autênticos desvarios e luxúrias. Não temos como prescindir deles, sob pena de condenação à mesmice e à monotonia – como as penas que nos fazem voar, mas que também nos sentenciam. As penas são as coisas mais leves e mais pesadas que existem; elas representam o dúbio e o ambivalente – aspectos que possuem grande relevância para a percepção do nosso sujeito e da nossa identidade. E dormimos todos, sempre, com esse harmonizado ruído!

duplicidade

Qualquer coisa que perdemos dobra automaticamente de valor! Isso ocorre pela lei universal da oferta e da demanda. Enquanto se tem, temos um; quando não se tem, experimentamos o "menos um". A diferença de um estado para o outro é o "2"! E quando o que perdemos não é uma coisa, mas uma pessoa, então a conta pode ser ainda mais onerosa. Em relacionamentos, isso é muito perceptível. Mesmo quando estamos fazendo movimentos corretos de afastamento nas nossas relações; mesmo quando temos certeza dessa decisão, o peso e a discrepância entre ter e perder é sentida nessa desproporcionalidade. É que perder não é meramente não ter: é ser subtraído, o que é sempre uma experiência de ser desapoderado. Por isso, precisamos estar munidos de duplo empuxo para sair da gravidade das coisas, e ainda maior empurrão para vencer a inércia gravitacional das nossas relações. Os dados que jogam a sorte trazem essa dramaticidade: ganhar é 1, perder é 2!

durações

A longevidade não é um mero acúmulo, como se fosse uma poupança. É claro que precisamos nos cuidar, mas devemos estar atentos para não fazermos isso com o único intuito de nos preservar. Se houvesse uma meta final a ser atingida, a estratégia desse jogo faria sentido. No entanto, a vida não é o que virá no final, e sim o que acontece durante a trajetória. Mais ainda: o tempo não existe como uma medida absoluta. O tempo é composto de durações e, quanto menos engajado no mundo você estiver, mais rápidas serão essas durações. E assim é que muitos anos podem voar sem um mirador ou um belvedere; ou seja, sem que estejamos ancorados em acontecimentos de valor e significado. A vida é, portanto, a gestão da saúde física para alongá-la, mas é também a qualidade do que você faz com o seu tempo – uma verdadeira musculação emocional que se soma à inspiração aeróbica da espiritualidade. Só essa combinação pode de fato entregar a vida em vez de evitar a morte.

E

efêmero

A presunção humana não elimina a precariedade e o efêmero da vida. Nossos feitos são castelos de areia! No entanto, a escolha existencial por fazer e se esforçar é inevitável, já que a obscuridade não é uma opção. Fazer alguma diferença é o sentido da consciência. A glória não precisa ser arrogante ou prepotente, pois já é glorioso apenas se insurgir contra a obscuridade. Nossa história e nossa memória, pessoal ou coletiva, nada mais são do que uma contenda contra a obscuridade!

elogio

Elogios são bem-vindos, assim como críticas construtivas, que nos fazem despertar para algo que não víamos. Os elogios, no entanto, apresentam um grau de toxicidade que as críticas não possuem. Enquanto fragrância ou adereço superficial, tudo bem elogiar, porque alegra e enfeita a vida. Porém, o elogio não deve ser excessivamente cultivado ou introjetado, sob risco de soberba e perda de contato com a realidade. Melhor do que o elogio é a apreciação que valoriza o ato mais do que o autor. Indiretamente, o autor ganha o crédito e sai elogiado sem os efeitos colaterais de toxicidade dos aplausos.

emendar

Criar é expressar algo de si, da mais verdadeira essência de si. A tentação de sermos devidamente valorados pelo mundo exterior, ao invés de atendermos a critérios e críticas interiores, é imensa. Apagar é mais nobre do que escrever porque revela o valor da busca que está acima de qualquer objetivo. As grandes obras devem muito ao que foi apagado e que certamente contribuiu para trazê-las à vida! Da perseverança de encontrar-se a si mesmo, revela-se o artista. E quem sabe a grandeza do nascer e do pôr do sol não resulte justamente dessa poética de um apagar diário?

emoção

As emoções são moções, movimentos. Há em nós uma matéria fluida que se desloca para os ventos do afeto. E quando o pensamento sopra em certa direção, todos os receptores sensoriais se magnetizam por sua liderança. Como em águas agitadas, estamos sempre pensando e sentindo, e várias dessas ondas se fundem – às vezes produzindo calmarias, quando se invertem, às vezes tormentas, quando se somam. Navegar neste mar de movimentos exige conhecimentos de marinheiro: nas emoções-calmarias, navegue a favor dos pensamentos e das moções; em mar muito agitado, faça o contrário e vá contra as ondas, em ângulos de trinta a 45 graus.

empreendimento

Qualquer empreendimento impõe desafios e dificuldades. No entanto, estes não são obstáculos. A sensação de bloqueio e obstrução é um valor atribuído à adversidade. Assim, o trabalhoso ganha contornos de empecilho e impedimento, produzindo mais desistência do que resiliência.

Os obstáculos só perdem essa característica quando voltamos a olhar em direção ao objetivo, pois nele está a volúpia e o entusiasmo. A vontade não quer saber de entraves, só faz! E o fazer nunca conhece obstáculos, mesmo quando as dificuldades são intransponíveis!

encontro

A única coisa que podemos definir como real é o encontro. A grande ilusão do individualismo e do autoconhecimento é a expectativa de proximidade em relação a si mesmo. Não temos como nos descobrir a não ser na interação com o outro e com o mundo. Pensar a busca da felicidade como uma posse, um ativo independente, é sempre frustrante, porque a felicidade não vem da autogratificação, mas de fazer a diferença. E o nosso lugar no mundo não existe por si, mas no significado que temos para os outros. Portanto, o reflexo correto a todo momento é interagir. A criança que aprende a não ser um objeto do mundo, mas, ao contrário, descobre sua potência relacional, infere o beijo, o abraço e a procura constante pelo outro.

enfrentamento

Encarar, aceitar, tratar e entregar são manifestações do enfrentamento nas suas quatro dimensões: física, emocional, intelectual e espiritual. A natureza física é sólida (terra), de embate, e temos que encarar! A emocional é fluida (água) e temos que aceitar, acomodar. A intelectual intervém, tratando, destrinchando e forjando (fogo). E a espiritual se entrega desapegando (ar). Deixe a vida passar por sua substância dessa forma: encare, aceite, trate e desapegue!

enigma

Somos o nosso maior enigma! Descobrimos, com o passar do tempo e ao conhecer-nos melhor, que modificamos nossa pessoa de tempos em tempos e que precisamos nos atualizar sobre nós mesmos.

Nessa atualização, fica evidente que não nos conhecíamos tão bem assim e que pontos cegos do passado ainda vivem realidades não utilizadas. Ficamos, desse modo, reverberando no presente pedaços vivos e inéditos do passado que nos expõem ainda mais. E não é para menos! Chegamos ao mundo quando já existia toda uma dramaturgia, e vivemos nela como se o mundo tivesse começado conosco! Crescer envolve o mistério de se conhecer interiormente, assim como ao cenário no qual caímos de paraquedas!

enredo

Viver é uma implicação – nenhum de nós é responsável porque fomos todos implicados. Somos enredados na vida, e nós mesmos temos que produzir enredo. Não conseguimos ficar indiferentes a essa coadjuvância porque receamos só entender o nosso papel quando for tarde demais. Do mesmo modo, mesmo isentos de causa temos que produzir consequências! E para não sermos patéticos e meros figurantes desse enredo, nos envolvemos em compromissos. O mistério de não sermos brifados sobre os "porquês" talvez se dê para que não tenhamos a tentação de argumentar sobre eles. O verdadeiro temor da morte não é o de desaparecer, mas o de não ter sido; e também não é o de saber o que há depois, mas o de não ter sabido o que havia antes!

ensinar

Há uma dimensão em nós que sonha acordada, razão pela qual temas e interesses nos são recorrentes nesses momentos; é como se com esses temas quiséssemos nos lembrar ou abordar algo essencial que evitamos. Uma das formas simbólicas através da qual esses sonhos acordados se manifestam é esta: querer ensinar ao outro exatamente o que mais precisamos aprender. Essa transferência é importante para a interpretação dos sonhos acordados! Sobre o que você anda ensinando os outros de modo tão enfático?

entendimento

A visão está vinculada à compreensão. Usamos a noção de "estar vendo" para expressar que alcançamos algo ou que pescamos uma ideia. A compreensão está por sua vez ligada ao sorriso: quando vemos com nitidez, entendemos algo ou alguma noção se materializa, deixamos escapar um sorriso jocoso, um rir de entendimento. É como um reconhecimento ou uma mensagem para nós mesmos que diz: "Viu?!" Porém, quando fazemos isso para dentro e olhamos para nós mesmos, encontramos um paradoxo existencial. Esse olhar identifica e afirma a nós mesmos, mas não estamos ali. E é exatamente porque cada um se conhece tão bem, que aquilo que se vê e entende não é a si mesmo! Sentimos então vontade de externar um sorriso astuto por termos visto o que não costumamos ver! Parece complicado, mas você sabe do que estou falando!

entregar

Ter recebido carinho não faz de nós pessoas amorosas; a prova disso são as pessoas mimadas, mergulhadas em carinho, mas com dificuldades de chegar ao amor. Carinho é algo que alguém lhe dá, mas nem sempre lhe entrega, pois às vezes o carinho é para si mesmo – assim como um presente pode servir para que a própria pessoa que presenteia se sinta engrandecida. Ou seja, carinho ou presentes nem sempre nos dizem algo sobre a intenção de doar, o desejo de doar. O amor que é dado e entregue, ele é para você. Quem experimenta isso encontra um modelo; mas é tão somente um modelo. Porque se entregar é sempre novo, já que o outro é um desafio, uma variável. Conhecer o outro para não cair na armadilha de dar para si mesmo e acabar não entregando – essa é a arte! A variável depende sempre do outro, e nunca temos em nós tal competência!

epílogo

O fim é sagrado porque é a celebração daquilo que aconteceu e se realizou. Tratarmos o encerramento apenas como uma limitação, um término, é esquecer o glamour inerente àquilo que está se fechando. Todos os finais são uma graduação, uma formatura que deveria terminar em solenidade e festim. Fazemos isso com o dia, com o pôr do sol; por essas paragens, inclusive, até temos o costume de aplaudir o seu belo desaparecimento no horizonte... Se a tristeza for consequência de uma reverência, ela é bem-vinda. No entanto, se for apenas uma lástima, uma reclamação por expectativa, então ela não honra a grandeza do momento da conclusão. Se formos capazes de não projetar a falta ou de antecipá-la, talvez consigamos homenagear de maneira mais verdadeira e inteira os epílogos!

erótico

O erótico não habita no explícito. Há mais erotismo no desnudar e na insinuação do que na nudez! O erótico é um convite, não uma consumação. O êxtase, para se manter no campo do erótico, precisa preservar expectativas e aspirações. O implícito permite que a experiência seja interna e pessoal; o erotismo não admite o explícito porque, do contrário, adentraria o campo do outro. Mas não confunda intimidade e erotismo: a intimidade é uma interação que acontece entre duas ou mais pessoas, já o erotismo é próprio, privado. O outro é um convidado e, como tal, fica submetido a protocolos de constrangimento e hierarquia por parte do parceiro. Esse jogo de interagir sob o controle do outro, portanto, é erótico. A intimidade é democrática, todos compartilham da mesma entrega, e é isso que a faz explícita!

escolhas (1)

As decisões parecem uma qualidade cognitiva e racional. Na verdade, elas são práticas, mais relacionadas à experiência do que ao pensamento. Sua musculatura não pode ser desenvolvida por vontade ou saber. Você precisa exercitá-la para que ela encontre esse tipo de plasticidade que, no mais, não é mental. Assim sendo, para decidir, você tem que exercitar muitas decisões! É a atividade de decidir que aprimora, por via da experiência, o nível de refinamento de suas decisões. Ficamos muitas vezes elucubrando e tentando encontrar respostas nos labirintos do pensamento. Além de delongar decisões, perdemos a capacidade de aperfeiçoá-las. Parece mais seguro não decidir até que as "certezas" se apresentem. Porém, é no médio e no longo prazo que os bons "decididores" – os que avolumam decisões – dão um banho nos cautelosos "escolhedores". Uma boa decisão não chega aos pés de uma grande decisão, sendo esta última oferecida apenas aos traquejados e aos experientes! É decida ou descida!

escolhas (2)

O infernal não é o mau ou o negativo externo, mas pedaços de nós, de nossas escolhas. São parcelas que impõem custos, mas que carregam muito de nossa identidade. Alguns são removíveis e tratáveis, outros são constitutivos: sem eles, você não seria você! Então há cura até que se comece a apagar esses pedaços de você, purificando você de você mesmo. Esse ser asséptico, angelical, é um equívoco, um equilíbrio anulante! Para ser quem você é, cure-se até os ossos, mas saiba parar abraçando os infernos genéticos e atávicos da sua vida e da sua ancestralidade. Acolhê-los harmoniza e é parte fundamental da paz!

espaço

O ser humano é um jogo, um labirinto. Por um lado, há o xeque-mate do isolamento e, por outro, o xeque-mate da invasão. Esse duplo xeque-mate está latente a cada jogada, a cada aproximação. O espaço vital, a fronteira pessoal e o campo individual são muito particulares. Assim, nunca sabemos se estamos perto demais ou longe demais dos outros. A nossa percepção pode nos render títulos de frios e distantes, ou de impertinentes e inoportunos. O assédio por ausência ou presença abusiva no espaço-tempo do outro é um aprendizado. O que é real é que não queremos ficar sós com o mundo, e nem queremos que o mundo nos roube a solitude. Queremos que a companhia dos outros não moleste a nossa própria, porque se pode jogar com outros ou consigo mesmo. A diferença é que com outros podemos ganhar, ao passo que conosco mesmo nunca podemos perder. O prazer de ganhar ou a garantia de não perder? Há tempo para cada um desses desejos na vida. Em tempos errados, a solidão desola; e a companhia oprime!

espelhar

Olhar nos olhos suscita a ideia de sinceridade, honestidade e alteridade. No entanto, o que vemos nos olhos do outro é a nós mesmos. E o outro, a si mesmo! Seria isso o que evocaria a franqueza e a transparência? Em outras palavras, ao nos vermos no outro, o outro ganharia autenticidade e legitimidade, um "tu" semelhante ao sujeito "eu"? O reflexo, assim, seria uma forma mais profunda de se chegar a si mesmo do que a experiência em si de ser quem se é? No amor, então, isso seria absoluto e absurdo! Eu veria o meu amor em você e você o veria em mim. Ver o amor é maior, bem maior, do que ver a si mesmo!

escrever

Escrever é um ato sublime porque nos investe de autoria. Gerar uma criação demanda ingressar nas entranhas de si mesmo. Isso, porém, não ocorre como nos sentimentos que se manifestam natural e involuntariamente. O ato de escrever é mais bem representado por uma visita do que pelo ser quem se é: nela há uma formalidade, uma etiqueta própria de quando estamos diante de algo que não é nosso, que não nos pertence. A escrita não é a sua casa, mas uma visita, porque ela contempla a presença de um leitor invisível que produz um constrangimento, um protocolo. Por isso a criação não é uma espontaneidade, e sim um direcionamento deliberado; ela não encontra essa estratégia na razão, mas na contemplação dessa formalidade. As regras de engajamento entre interioridade e exterioridade regem esse cerimonial que nos leva a nos experimentar em terceira pessoa. E o pessoal vira ficcional, e o íntimo vira confissão!

escrita

A escrita vem mais fácil se temos algo para dizer! É estranho que tratemos a escrita como um pensamento que, por sua vez, se materializará automaticamente. A escrita é uma extensão da fala; se não houver o que dizer, a fala se faz silêncio, assim como a escrita se faz papel ou tela em branco. Mas o triste é que nós tratamos a fala como um pensamento, e a proferimos como se ela fosse um recurso do impulso, ou um arroubo, tal como se dá no pensamento. O pensar é um fluxo, o falar (e escrever) é uma intenção, um propósito. Costumamos desconhecer o uso desses recursos. Quando o pensamento fica propositado, ele perde a sua potência livre e crítica e se torna embotado e parcial. Já a fala incontinente não oferece o que dela se espera: uma comunicação ou uma opinião. Um pensamento que comunica e opina, ou uma fala que flui sem a privacidade e a blindagem do pensamento, é uma adulteração e um mau uso. Quando escrever, lembre-se sempre de que está falando e não pensando!

espanto

Ah... o espanto é um espanto! Sua potência é tão grande que o que começa como uma surpresa termina como uma intromissão, uma bisbilhotice. Ficamos tão fascinados pelo abalo do que nos choca que queremos mais dessa experiência. A filosofia é o desejo por mais maravilhamento e estupefação. O salto e a comoção produzida pelo inesperado são imbatíveis em matéria de mexer com as nossas emoções, de modo que experimentamos sempre um pico de presença e de vitalidade por meio do assombro. Os ingênuos, as crianças e os animais empanturram as suas vidas de espantos. As crianças entram na filosofia das perguntas sem fim; os animais paralisam e entram em estado de convocação. Essa, aliás, é uma boa medida para aferir o quanto a sua "adultice" deixou sequelas em sua capacidade de se espantar. Os pixels da vida são diretamente proporcionais a essa aptidão. A vida em preto e branco é uma escolha.

especial

A distância entre o ordinário e o extraordinário é um "extra". Não temos noção do poder do "extra", do pequeno esforço adicional que exponencializa situações e relações! A vida é repleta dessas saturações que elevam a experiência a novos patamares, mas muitas vezes ficamos aquém desse aditivo e mantemos as coisas ordinárias. Isso vale para um empenho extra, um carinho extra, uma escuta extra, uma gentileza extra, uma atenção extra, e assim por diante. O "extra" é o responsável pelo especial na vida, um custo-benefício tão incrível que justificava os "anjos-jornaleiros" de outrora proclamando à consciência: "Extra, extra!"

espelho

E quem foi que inventou o espelho e envenenou a alma humana de vez? Na Grécia, foi Narciso... Em Gênese, é Deus quem faz isso. Todos os animais conhecem sua imagem a partir da experiência de ir beber água em qualquer corpo d'água. No entanto, não sabem que aquela imagem é a sua. O que "envenenou" a alma humana foi reconhecer que uma determinada imagem refletida era sua, de seu sujeito. Certa ocasião, vi uma gravação de uma pessoa de um povo originário, aqui no Brasil, sendo apresentada a um espelho pela primeira vez. Aquele indivíduo começou a rir, um pouco constrangido e um pouco embevecido. Ele conseguiu entender não apenas que era ele, mas que aquele objeto, diferente de uma poça d'água, além de refletir imagens, tinha sido feito exclusivamente para isso. O desejo de se ver, de buscar a própria imagem, é parte da nossa autoconsciência. Tanto o encabulado quanto o arrebatado daquele sujeito já não eram meros reflexos, mas toxinas da autoimagem. E por que envenenados? Porque veneno é algo contra o que nós humanos não temos antígenos; do contrário, não ficaríamos enfermos.

espera

Esperar é um medo alegre. Justamente por ter essa característica agridoce é que ele se faz uma coisa tão palatável e deleitosa. O drama dessa condição torna a espera uma das mais instigantes e excitantes emoções humanas. Afinal, haverá algo mais poderoso do que harmonizar as duas mais fortes sensações humanas – o medo e o júbilo? A amada espera seu amado que bate à porta – é a forte imagem que nos traz o Cântico dos Cânticos. Ela está saudosa, mas reluta em trocar essa emoção pela da espera. Por isso esperamos tanto: porque é algo muito intenso! A espera é um atendimento inacabado, uma possibilidade ampliada. Ela é tão grande que, se decepcionados, ficamos com o gosto de "esperava mais" ou de esperança, porque esta é a representação emocional da espera. Mas é também o sentimento de espera que fomenta toda e qualquer esperança! Não fosse a espera, nossas vidas teriam muito menos graça.

esperança

A esperança é insólita por sua leveza e suavidade. Quem acreditaria, então, que justamente por essas propriedades ela teria a aptidão de penetrar a alma? A alma está blindada para tudo o que não é tênue e singelo, como uma pena. Por isso, tantas vezes as pessoas tentam chegar a ela com lógicas ou ideias, mas a sua dureza e sua concretude não têm a eficiência perfurante do que é volátil e incorpóreo. O rígido e o sólido não voam, não decolam por severidade, não planam por densidade. A esperança não é palpável como uma garantia, mas onde logra chegar, nenhuma prerrogativa ou privilégio pode alcançar!

essência

O que denominamos por verdadeiro é um estado, não uma essência! Não interagimos com essências porque nossa consciência é um estado, uma forma de ser no momento. Essa era a explicação que os rabinos davam para condenar o suicídio. Como pode o estado momentâneo de uma consciência tomar decisões sobre sua essência? E isso é muito difícil para nossa percepção sobre a autonomia: não temos posse da vida; em essência, a vida é um *leasing*, um empréstimo. Gerir a vida de modo que ela possua soberania sobre o momento, porém sem posse, é uma arte dolorosa. A distinção de um poder tão parcial e limitado corresponde ao nosso maior fardo existencial!

estabilidade

A estabilidade não é a estática. É a condição inerte que permite a estática – a ausência de cinética ou de movimento. O dinâmico não conhece a inércia por definição. Sua pausa, parada ou espera é um equilíbrio momentâneo de impactos e interferências. O único descanso possível ao que é dinâmico se restringe ao equilíbrio, que é essencialmente uma condição não rígida, mas flexível. Veja o sono, por exemplo, que é a interrupção da nossa condição dinâmica – mas não é inerte. O sono é um constante movimento regido por um cérebro que não cessa, mas oscila. Encontre o máximo de flexibilidade possível sem trincar ou quebrar, e encontre a máxima estabilidade possível para aquilo que é, por natureza, cambiante e ativo!

estagnar

Estagnar é travar e defrontar-se com um bloqueio. O ser humano é espiritualmente como um tubarão, para o qual o movimento é uma condição essencial. Quando estagnamos, é automático nos sentirmos mal e buscarmos alguma forma de destravar. Há também o "progresso falso", quando não percebemos mal-estar algum por conta de uma ilusão de movimento. "Progressos falsos" consomem muito tempo e, às vezes, fases inteiras das nossas vidas. Um progresso equivocado é tão traiçoeiro quanto o estancamento interno; trata-se de um adormecimento que nos impõe custos muito elevados. Para sairmos dessa condição, um olhar externo é fundamental: de fora, um amigo, um conselheiro ou um terapeuta podem apontar o fio da meada dessa ilusão ótica de deslocamento. Às vezes, basta colocarmos o pé no freio e parar – o que nos permite perceber que o progresso e o regresso são, na verdade, cineticamente idênticos.

estranhamento

Não é estranho que você desperte de manhã com um humor específico? Como se tivesse que dividir seu dia com um outro que tomou essa decisão? E quando sua ação se precipita e você fica se perguntando por que fez aquilo? Ou quando um ato falho decide entregar seu sigilo contra a sua vontade? Pior ainda é quando essa estranheza nos preenche de autenticidade! A extravagância de ser se localiza no desajuste que ela nos provoca com as nossas esquisitices. A consciência é uma excentricidade, e não há como se estar definido, resolvido, sem esses estranhamentos. O assombro é o lugar de encontro de nós com nós mesmos!

estranhar

Sempre pensamos na estranheza como algo negativo. Estranhar é legítimo, e muitos dos nossos preconceitos nascem da tentativa moral de se esconder a estranheza; mas ela caminha junto com a espontaneidade e a surpresa, elementos fundamentais da alegria. Sempre que a reprimimos, acabamos por estereotipá-la e defini-la. Esse esforço é profundamente tóxico. O estranho não tem uma razão de sê-lo; é uma manifestação florida do acaso e do aleatório. Nossa educação é que promove a desconfiança em relação à diferença ao tentar explicá-la e normatizá-la. O Nazismo é o modelo dessa malignidade elevada ao extremo. A diferença servia para legitimar a supremacia, algo que é absurdo e medieval; período em que queríamos aplicar ao universo as nossas ideologias e fetiches. Desenvolva a sua estranheza: faça dela um instrumento fundamental para explorar o mundo e a vida. É o acaso que nos salva das nossas idolatrias!

estranho

Não se apresse em achar alguém estranho. Do latim *extraneu* – exterior ou de fora –, não devemos tratar alguém como estranho por sua aparência ou dessemelhança. Para qualificar uma pessoa como estranha, você tem que conhecê-la muito bem. Só nas relações e amizades encontramos os tais "estranhos". E eles não são exóticos, na verdade nos são íntimos!

estudo

Falar e ouvir têm naturezas muito distintas. A fala, por definição, tem sujeito e intenção própria; a escuta, nem sempre. Muito do que escutamos não tem outro sujeito senão nós mesmos. A fala, independentemente de haver alguém a escutá-la, preserva o sujeito e a intenção. Assim sendo, a reza é fala. Já o contrário, ou seja, tentar atribuir a certeza de que há um sujeito e uma intenção na escuta, é algo que pode não estar na esfera da escuta, mas na do imaginário e do delírio! Por isso, a tradição judaica trouxe a escuta de Deus não para a audição, mas para o estudo. Quando rezamos, falamos com Deus; para escutá-lo, estudamos.

estupidez

Supor é bem mais fácil do que pensar. Por isso vivemos infestados por sentenças e suposições. Quanto mais superficial o mundo se torna, maior é a tendência ao não pensar e maior é a ocorrência de julgamentos. Aliás, qual a razão para se criarem tantas instâncias e exigências aos nossos tribunais? Porque, sem freios e recursos, o julgar produz aberrações, e precisamos de juízes qualificados para que não se julgue, mas se pensem as situações. Seria mais adequado chamar os juízes de pensadores, porque o que eles impedem é que se façam julgamentos sumários, fruto da ausência de reflexão adequada. Toda vez que você julgar, lembre-se de que pode estar evitando pensar... e quem evita pensar, por definição, é estúpido!

esvaziar

Novas ideias não podem se instalar se não abrirmos espaço entre as antigas. O discernimento é uma propriedade relacional, e não temos como nele fazer caber o novo se o antigo segue produzindo implicações e comprometendo-o. Raramente pensamos que uma das funções do novo consiste justamente na liberação do antigo e, ao tentarmos conjugar os dois, acabamos contaminando o primeiro. Mas o novo não precisa ser totalmente inusitado, ele só não pode ser um corolário do velho. Acrescente-se que o grande obstáculo da criatividade é o falso novo, ou seja, quando o truque e a artimanha do antigo entram em cena! Essa ilusão é recorrente em nossas vidas... Então, nunca comece pelo novo, mas pelo esvaziar do velho. Contemple o velho, critique-o mentalmente. Perceba suas faltas e ineficiências e, só depois de desnudá-lo de sua potência, se exponha ao novo.

ética

É importante entender a diferença entre moral e ética. A moral deriva dos "costumes", do que nos parece próprio, do que parece atender a normas. A ética provém de valores críticos de conduta e propõe o que é reto e justo. A moral nasce de emoções de pertencimento e adequação; a ética, da racionalidade e da honestidade. Por isso, a moral nos faz "sentir bem", como um frescor existencial momentâneo. Cuidado para não confundir esse prazer pessoal com o cuidado com o outro e o altruísmo. Porque, nesse sentido específico, elas podem até ser antônimos: a moral faz sentir "bem", a ética busca o "bem".

evitar

Evitar, no sentido de postergar, é uma palavra bizarra: ela nos traz um alívio anestésico imediato, mas, ao mesmo tempo, nos impõe o compromisso com uma dor persistente (porque, afinal, evitar não é resolver, mas retardar). Sim, é fundamental possuirmos a boa gestão daquilo de que não damos conta em dado momento a fim de evitarmos o que de fato pode ser evitado. Porém, esse recurso deve ser utilizado com parcimônia, porque evitar é como usar um cartão de crédito que resolve aquele momento, mas cuja fatura chegará mais adiante! Isto é ótimo desde que você pague o inevitável no final do período, caso contrário, o crédito se faz dívida e os juros se tornam impagáveis – já que, nesse caso, a moeda deste saldo é a vida não vivida... Infelizmente isso é muito comum na vida das pessoas porque, em geral, não fica claro para elas o fato de que o que é evitado faz parte integral da vida! Assim, o evitado não tem mesmo como deixar de ser equiparado com aquilo que não é vivido.

evolução

O registro mais contundente do nosso atraso evolutivo são nossos monumentos! Todos são uma ode à barbárie. Os generais, as batalhas, os líderes, as vitórias, os heróis, a ausência de mulheres, os conflitos, o separatismo, as fronteiras e os privilégios: são esses, via de regra, os nossos memoriais. Enquanto as estátuas ainda forem de espadas e cavaleiros; enquanto ainda nos impuserem dominadores ou déspotas – e não pessoas dando as mãos, se abraçando, curando e se solidarizando –, estaremos cultuando a selvageria. Diga-me o que te inspira e te direi quem és!

exagero

Enfraquecemos aquilo que exageramos, e isso é uma coisa grave no elogio. Saber enaltecer na medida correta é uma precisão que não pode se afastar da crítica. As emoções são bem-vindas se forem relativas ao que o elogio causou ou proporcionou. No entanto, o elogio não pode se dar por via emocional justamente para que não se desvirtue o sentido do louvor. Pode-se, é claro, expressar afeto – mas não o confunda com elogio. Porque o afeto é sempre um exagero, próprio de quem foi impressionado ou sensibilizado, e sua grandeza está no descomedimento e na exorbitância. Porém, o que é virtuoso no espaço emocional pode ser adulterado no intelectual. A perversidade conhece bem esse recurso e, com frequência, faz uso do exagero para depreciar.

existência

O ser humano conhece tão pouco sobre si! Deveríamos aprender na escola muito mais sobre as emoções e sobre como estas se relacionam com o intelecto e com as motivações e os vínculos humanos. Este tema é abordado em um dos meus livros da série *Reflexos e Refrações*, em que é feita uma apresentação filosófica-poética sobre a capacidade de apreciar os afetos. E o que chamamos de "viver" nada mais é do que a coletânea desses afetos. Confira! Porque o ser humano não é apenas afetado, ele também consegue apreciar o seu afeto! Isso, inclusive, nos permitiu uma experiência existencial única. Representando as folhas no sistema de uma árvore (parte que é afetada com a luz solar e que inspira e expira o mundo exterior), este livro faz uma apresentação filosófico-poética sobre a capacidade de apreciar os afetos. E o que chamamos de "viver" nada mais é do que a coletânea desses afetos! Confira!

expectativa (1)

Há uma curiosidade biológica entre homens e mulheres – não sei como é entre outros gêneros não binários. Os homens são seduzidos por uma sensação de perfeição nas mulheres; elas são a esperança de eles conhecerem uma nova forma de intimidade que lhes é inatingível. Parece que é só excitação, mas na verdade é a fantasia de possuir para poder se autoapropriar. A mulher é sempre uma idealização, e o homem não quer que isso mude – seja física ou simbolicamente. A mulher, de sua parte, tem expectativas de executar seu potencial reprodutivo e busca no homem essa função. Essa prioridade releva e desconsidera a frequente imaturidade emocional masculina, com a espera de que o homem se modifique. Isso torna as relações mais instáveis, porque um quer o outro preservado em suas características, enquanto o outro quer justamente o contrário, que mude!

expectativa (2)

A expectativa é um entusiasmo perigoso porque não pertence ao domínio da crítica, mas ao da imaginação. Para imaginar, você tem que estar livre das amarras da realidade, e isso oferece benefícios e prejuízos: para a construção de cenários e possibilidades enquanto instrumento criativo, a expectativa é bem-vinda, mas, no que diz respeito à qualidade e ao bem-estar, ela é um veneno! Assim, o que realmente é da ordem do presente é a apreciação, enquanto que a expectativa seria como que a sua versão futura, por assim dizer. Há uma dica importante para aprendermos a lidar com a expectativa e, ao mesmo tempo, com o desejo de não abrir mão dela – já que, antes de degenerar em desapontamento, ela é uma grande delícia. A dica é apreciarmos a própria expectativa em vez de contarmos com a sua realização! Experimente, então, focar o deleite de vivê-la abandonando qualquer anseio de aguardar pelo que virá; foque no entusiasmo e curta os prazeres do que pode ser, das incríveis possibilidades do futuro... Ou seja, aproveite a energia desse "momento expectativa" em vez de apostar na sua realização.

experiência (1)

A vida não nos acontece, ela acontece a partir de nós! Tal como na ilusão de ótica em que o Sol parece circundar a Terra, pode parecer o contrário no caso da vida. Nossas experiências são sempre internas, razão pela qual um mesmo ocorrido é vivido diferentemente por cada pessoa. Por isso, não adianta mudar de lugar, emprego ou relação se você não modificar a forma como vive essas interações. Sim, o destino muda ao fazermos essas escolhas, mas a forma como o destino será vivido, não. As mudanças externas são ínfimas, insignificantes, diante dos movimentos internos. A consciência, a vida desperta, é um aperitivo desta possibilidade.

experiência (2)

A experiência é o contrário do pensamento. A primeira dissemelhança é que o pensar é pessoal, enquanto que a experiência é interativa. A segunda e principal dissemelhança é que o pensamento é subjetivo e a experiência é objetiva. Enquanto um vivencia a si, o outro vivencia o mundo; um é sujeito e o outro se sujeita; um é livre e o outro é continente. O verdadeiro parto à vida é sair dos pensamentos e adentrar as experiências, porque estas últimas exigem o encaixe com tudo, enquanto que o pensamento basta caber em si mesmo!

experiência (3)

Experimentar não nos faz experientes. Você pode experimentar e não aprender as lições inerentes à experiência, razão pela qual repetimos equívocos e caímos em armadilhas que já deveríamos ter aprendido a desarmar. Para fazer das experiências parte do repertório das nossas perícias, temos que estar ligados! É preciso um movimento que nos liberte das emoções e que nos traga à ponderação. As emoções nos conduzem ou à comiseração ou à euforia. Choramos ou rimos e, com isso, perdemos a chance de adquirir experiência. O senso e o tino fazem outro movimento, que é o de estudar o ocorrido e daí tirar causas e conclusões que se incorporam a perícia e traquejo. Quando experimentar, não fique bobo, preocupando-se com o olhar dos outros ou com o vexame que passou. Saia do modo emoção e aprenda com o momento. Não pense no que passou, mas no que não deixará mais passar!

experimentar

A experiência é o único vestígio da vida. Ninguém acreditaria na vida não fosse a faculdade de experimentar. Na experiência não existe o "de antemão", e não há como antecipar. É do cruzamento do existir com aquilo que é real que se faz a vida. E em seu instantâneo, a vida não consegue ser fotografada a não ser pela experiência. Não fosse ela, não estaríamos apenas nos perguntando "se Deus existe", mas seríamos céticos em relação à nossa própria existência e não teríamos como validá-la. Provar, sentir, sofrer e conhecer dependem desse mágico efeito da experiência. Toda criança sabe que se ela nunca estivesse na floresta para experimentá-la, a floresta não teria como existir. A observação é a experiência. E o axioma se traduz em: experimento, logo existo! As crianças sabem disso e não se furtam a experimentar mesmo quando diante do amargo. Evitá-lo é tentar se antecipar e, com isso, arruinar a experiência.

explicação

O inocente não precisa explicar nada porque há uma relação entre causa e malícia. Claro que existe a explicação com fins elucidativos, mas isso está mais no campo da curiosidade científica do que no das relações humanas. O uso de explicações está associado ao nosso desejo de sustentar predileções e interesses. É assim que adentramos os labirintos das inclinações e preferências, utilizando toda sorte de parcialidades e paixões como se estas fossem aqueles ícones de videogames que nos impulsionam na direção do nosso benefício. Se você quiser recuperar um pouco da sua inocência, pare de explicar as atitudes dos outros e tente entendê-las – pois tal caminho é repleto de ciladas e ardilezas. A maior parte das coisas não precisa de explicação.

exposição

Não se atreva a não se arrojar e se expor à vida! Ousar é o mesmo que intentar, ou seja: é a única maneira de alcançar. Ousar é tirar a vida para dançar. Porque a vida é uma coadjuvante, lhe oferecendo protagonismo constante, uma amante sempre disponível. O recato é que é o pecado, o acanho é que é a vergonha!

expressão

O direito à liberdade de expressão está condicionado à liberdade de pensamento. A liberdade para falar é um mandato e um encargo de uma mente livre; não há função alguma para a boca falar o que quer. Mas às vezes confundimos a fala com uma incontinência, ou seja, com um comunicar que tem que se esvaziar como a bexiga ou a digestão. A fala, porém, apenas esvazia o pensamento, o livre pensar. É ele que, se manifestando, tem que ser expelido por força de sua função. O livre pensar é parte integrante da existência de um ser humano. Destituído, ele perde sua função vital. A fala, no entanto, é apenas um recurso. Você esperaria que o microfone falasse ou que o telefone ligasse sozinho? Um pensar livre, quando censurado, é uma tragédia; já uma fala que exala apenas hálito, destituída de conteúdo, esta é uma "a-berração", no sentido literal do termo: "berração" para suprir não a ausência de escuta, mas de sentido. Você que preza por sua liberdade de expressão, favor verificar se o seu pensamento é livre de ideias, sejam elas ideo-lógicas ou ideo-comprometidas! Somos livres quando não temos que fazer tudo o que queremos!

exterior

O olhar é a mais importante abertura à realidade. É comum ficarmos encantados com a miragem de que o que acontece lá fora "é o que é". No entanto, lá fora é totalmente inóspito e completamente estranho. A referência nunca pode ser o exterior, porque o único ponto fixo de todo o universo é o valor, isto é, o quanto algo vale para nós. Sim, por um lado é uma ilusão achar que o mundo é o que acontece em nós, mas, por outro, é ainda mais enganoso acreditar que o que acontece no mundo lá fora nos explica e nos valida. Quanto mais olhamos para fora, mais deliramos; quanto mais olhamos para nós, maior o grau de consciência. A referência está em nós, é a interioridade que nos desperta. A exterioridade produz consumo e competição; a interioridade, criatividade e vínculo.

F

faculdades

As faculdades humanas ganham potência à medida que interagem com a consciência. A audição é uma competência de mais baixo envolvimento mental, por ser efêmera e por nos esquecermos facilmente dela. A visão, ao gerar uma imagem, requer interação mais intensa com a mente, por isso se produz memória. O fazer, por sua vez, é a composição de vários movimentos integrados num único processo; essa interação permite o entendimento. É interessante pensar que o "entender" é uma forma turbinada de memória porque não é unidimensional, não é apenas um registro da realidade, mas um encaixe com ela. É que a "memória" do fazer não é apenas descritiva, mas funcional, e a mera recordação se transforma em experiência – uma meta-memória. O conjunto de memórias e experiências, por sua vez, forja o sujeito e faz florescer a consciência.

falação

A fala se tornou um vício que se reflete em todos os lugares e, particularmente, nas redes sociais. Talvez seja uma espécie de loucura, como falar consigo mesmo (mas com esses pensamentos incontinentes sendo amplificados). Talvez isso se dê pela solidão sempre carente da sensação de escuta. Ou, quem sabe, pela simples pobreza de espírito ao se querer ocupar todos os espaços, em uma gestão ansiosa da sua consciência de existir. Seja como for, reaprenda a deleitar-se com o silêncio – a única forma legítima e bela de não dizer nada! Viva lindos e significativos silêncios!

falas

O mundo tem outras falas além da humana. Porém, só alguns pássaros e mamíferos são tagarelas. A maioria dos animais mais faz é escutar. Eles respondem pelo agradável e sábio silêncio da natureza. Sim, é verdade que há os ruídos corriqueiros da existência, como o respirar, o nadar, o se deslocar. No entanto, não há a fala de ocupação – aquela fala que, a rigor, é uma extensão do poder e da dominância. Os barulhos não perturbam quando são da vida; costumamos chamá-los de cantos, como os dos pássaros ou dos golfinhos. Porém, quando são intencionados e interesseiros, colonizam o silêncio, que é um patrimônio comum! Temos que cuidar muito do falar, porque frequentemente ele se dá na forma de um desrespeito e promove abusos!

falso

Apesar da falsidade e do logro implicados em uma mentira, ela é um fato! Mas como algo *fake* pode ser um fato? É que, para além da fraude, a mentira é um fato psíquico. Ela não é apenas uma decisão, mas um acontecimento, e é assim que essa realidade de ocupação de um instante lhe confere o grau de realidade. Tudo que é uma foto é um fato; por foto, entenda-se algo que ocupa um determinado momento. Tanto é assim que, psiquicamente, você experimenta sua mentira o tempo todo, como se fosse uma memória real – ao mesmo tempo que já não consegue mais trazê-la para o lugar de inexistência.

E não estou nem falando das consequências externas da mentira, apenas das internas. Isso se dá porque a malícia é uma presença marcante – assim como a bondade. Esse duplo enganar, ou seja, esse ato em que a mentira para com o outro é um fato para você, faz do mentiroso a maior vítima, porque ele é o único para o qual a mentira se tornou real!

falta

A presença dos ausentes é uma coisa impressionante! Num primeiro momento não concordamos com essa ideia, mas reparem bem na força que ela tem! E isso não se aplica apenas aos nossos entes queridos que já não estão entre nós, mas também aos vivos. Por exemplo: certo dia, um amigo cujo pai foi omisso durante sua criação (enquanto a mãe foi uma presença heroica ao cuidar dele e educá-lo!) comentou que ele era a figura central de sua vida... Isso não tem nada a ver com ingratidão, e sim com o fato de que a ausência do pai foi mais estruturante em sua pessoa do que a presença da mãe. Era a força da falta. É claro que ele amava a mãe e lhe era grato. Entretanto, o fato é que a força da carência e da ausência costumam ser mais basilares à psique humana do que a abastança e a presença. A presença é física e está atrelada a estar junto. A ausência, por sua vez, é experimentada pelo pensamento e pela memória – e o tempo que você passa consigo é absurdamente maior do que com qualquer outra presença. A ausência está em você, ela é sua. Já a presença, esta depende do outro e do encontro.

falhas

É contraintuitivo abandonar as imperfeições e se concentrar no aprimoramento das aptidões. Faz parecer que a prioridade seria reparar os defeitos para, só então, se ocupar de outros assuntos. É muito difícil modificar as fraquezas; mais eficiente é aprimorar as qualidades. Na sabedoria dos Salmos, é dito "faz o bem" (e faz bem!) – e não fica fixado em fazer o mal (e fazer mal!). Pois o "bem" influencia e modifica a condição das imperfeições. Como numa prova, ficar muito tempo em uma questão que desconheço, e perder demasiado tempo nela, significa não resolver as que conheço. Mas é difícil essa percepção!

família

Para a psique humana, a influência de uma mãe excessiva é tão danosa quanto a de um pai ausente! Pai e mãe não são gêneros, mas representações de rigor e de tolerância, respectivamente. E tanto o rigor e a continência quanto o amor e o envolvimento são demandas da civilidade humana. A carência de pai aliada à presença demasiada da mãe promove autocentramento e imediatismo – desequilíbrios proeminentes no Ocidente. Supermães e "Infra pais" são questões estruturais da nossa civilização. A família do porvir terá não apenas forma diferente, mas precisará de correção em sua essência!

fantasia

A fantasia do carnaval brasileiro não é a tradicional máscara do carnaval europeu; a mais brasileira das fantasias é a nudez. Enquanto um quer esconder para poder brincar, o outro quer revelar para gracejar. A forma revela padrões. Já o charme independe dela, porque seu feitiço está no fortuito e no imprevisto. Charme, do latim *carmen*, quer dizer porção mágica. Seu poder encantatório advém da surpresa do natural e do desafetado!

fé (1)

A ausência de perguntas não é a certeza. Se houvesse "certeza" na esfera racional, não haveria necessidade da fé. A fé não é a interdição às perguntas, mas a irrelevância das perguntas. Quanto às respostas, sem o complemento da fé, elas são inalcançáveis. A objetividade humana, na maioria das vezes, é uma aproximação grosseira da realidade; e da mesma forma que nossa consciência deve desenvolver o raciocínio, deve também investir na fé. Esta está para além das questões, porque é um dado, um *a priori*, uma pré-lógica. Ela nasce do viver cuja essência é uma graça, um favor. Quem vive de favor tem a obrigação emocional de desenvolver a fé.

fé (2)

A fé é feita de certo desdém pelo resultado. Mesmo que o resultado não seja o esperado ou o desejado, a experiência não depende dele, mas do processo! É o processo que contém a gratificação, porque nele estão inúmeros outros resultados via de regra maiores do que o inicialmente aspirado. Daí o provérbio pedir por "ombros largos" para enfrentar o processo, e não para encontrar atalhos para o resultado. A fé é o contrário do medo. É o medo que quer atenuar a vida, a fé quer exatamente o contrário!

feio

Quando nos aceitamos, ficamos lindos, porque a graça é a coincidência daquilo que é com aquilo que está sendo. Essa sincronia existencial harmoniza, adequa e conjuga. E a honestidade e a integridade são o que encanta. Por isso a juventude parece tão bonita! Quanto mais jovens, mais a beleza interior se sobrepõe. A idade cria não só desgaste, mas principalmente afetações de se querer exercer controle sobre si. Dessa dissintonia, provém o feio. Mais do que plásticas, botox, próteses e cosméticos, o exercer de si em qualquer situação é largo e apropriado. A vergonha e a inadequação são a origem do feio.

felicidade (1)

A necessidade de estar certo é um empecilho para estar feliz. A felicidade é uma leveza, é a irrelevância de resultados ou conclusões, é uma serenidade desapaixonada. Essa escolha entre estar certo e estar feliz, nós a experimentamos em muitas situações. Cismamos em ter razão e, fazendo-o, não nos damos conta de que estamos comprometendo a possibilidade de entrega e sossego. Tornamos pessoais coisas que poderiam estar na impessoalidade, em benefício de nossa placidez e paz. Seja nas redes, seja na vida, experimente deliberadamente não ter ânsia por estar certo e goze de transparência – isso o resgatará da condição de anteparo de opiniões e violências!

felicidade (2)

A felicidade não é um objetivo, mas o subproduto, ou o resíduo, de se viver. Todas as pessoas vivas foram eleitas entre miríades de possibilidades que não se concretizaram. Então, viver é em si um feito, uma realização triunfal; isso determina que simplesmente viver produz uma raspa, um sobejo – que identificamos como felicidade. Para ser feliz basta então experimentar-se e manifestar-se. Muitas vezes ficamos tentando encontrar um objeto que corresponda a uma expectativa de felicidade, e esse objeto não existe. Somente vivendo a sua vida, somente se expondo aos seus convites para dançar, é que se libera a tal felicidade!

fidelidade

A fidelidade não é uma obrigação, é um compromisso e, como tal, deve ser afirmada e reafirmada a cada instante. Uma fidelidade fixa, determinada, é uma lealdade sem paixão. A verdadeira fidelidade contém essas duas coisas: o zelo de ser fiel e o interesse próprio de quem poderia ser infiel! Nada vivo é fixo, e mesmo a fidelidade precisa flertar com a infidelidade para se tornar uma escolha que, por sua vez, não seja impessoal!

finalidade

A fé se relaciona com o caminho e com as demandas imediatas de cada passo. Como numa corda bamba, ela tem a mira no mastro à frente, mas o foco está em cada passo dado equilibradamente. Tanto o otimismo como o pessimismo fazem o contrário: eles têm o foco no mastro e a mira no passo dado. A mira no passo dado gera vertigem, e o foco no objetivo (e não na ação) produz ilusão e decepção. Por isso os passos de quem tem fé são firmes, mesmo que o final da escada não seja visível. Enquanto o "final" para quem não tem fé é o resultado, a conclusão, para quem tem é a finalidade e a razão que move, para além da recompensa ou do prejuízo.

finitude

Se não entendemos a vida, como vamos entender a morte? Uma depende da outra para ter qualquer sentido ou significado. Em realidade, é a vida que confere à morte a essência que ela, *de per si*, não possui. Fantasiamos a morte como uma máquina de picotar documentos – os arquivos da nossa existência. Existir não é um material ou um objeto, mas uma emanação que se desfaz a cada segundo. Parece-nos que temos uma vida toda para trás, no passado, mas isso não é real. Tudo já se foi e você não perde nada para trás, porque ele não existe mais, nesse exato momento. Mas e o para a frente, isso não se perde? Claro que não! O para a frente não é seu, nunca o é. Ele o é tão somente quando acontece para, logo, deixar de sê-lo, instantaneamente. Não... sua existência não é triturada ou deletada. Ela cessa sem fazer qualquer falta a quem já não tem mais para que coletar memórias ou projeções. Um dormir sem o sobressalto de que, eventualmente, lhe possam roubar o que você nunca teve ou careceu.

fingir

A maior armadilha para ser é querer parecer. Parecer é um "quase" que jamais se materializa em fazer-se. Os parecidos estão sempre prestes a estar desaparecidos. E quando queremos parecer – sabemos muito bem disso! –, mesmo que todos os outros se convençam, continuamos não sendo. A mais frequente causa do aparentar são as expectativas dos outros; pior ainda se nós as internalizamos. Porque se a razão de você fazer algo é para atender a uma expectativa, então mesmo que esse algo não seja "parecido" (e que você de fato o faça), terá sido como se ele não tivesse sido feito! Para fazer, é imprescindível a integridade, e nela não pode haver nenhum acato (nem de você ao outro, nem do outro a você) que não seja somente para si!

flexibilidade

A vida é muito mais sobre flexibilidade do que sobre perfeição. Ao dobrar-se, é você que se adequa à superfície da realidade. Tentar o contrário, ou seja, harmonizar a realidade e suas arestas a você, é um grande e frequente equívoco. Da sabedoria popular sabemos que a estabilidade e a resiliência não advêm da rigidez ou da solidez, mas da capacidade de mudar e moldar. Então, a vida é muito mais sobre alongamentos do que sobre musculação; mais sobre distensão do que sobre força.

focado

Fazer uma coisa de cada vez é um privilégio. Na verdade, você só consegue estar focado em uma única coisa. Sim, podemos fazer múltiplas tarefas ao mesmo tempo – as mulheres são campeãs nesse quesito. Porém, só há presença em uma única integridade. Eu só posso comparecer a um único sítio com meu sujeito. As outras tarefas são sempre geridas por subpresenças que podem até dar conta do "serviço", mas em modo automático. E é preciso ter cuidado, porque se uma de suas atividades estiver nesse modo, você não poderá se responsabilizar por ela, já que não está consciente, mas apenas fazendo uso de um dispositivo. Em sua contabilidade do dia, poderá inclusive comprovar que os erros e os arrependimentos ("esse não sou eu!") ocorreram todos quando em modo mecânico, ausente de presença.

foco

O grande trunfo da segunda-feira é a consciência de que não há hierarquia entre os momentos. Todos os momentos são potencialmente idênticos justamente pela possibilidade de se estar todo, inteiro, no momento em que se estiver. Quando estamos 20% aqui, 40% lá, e coisas do tipo, essa propriedade de todos os momentos terem igual oportunidade se desfaz. Então, foco e alegria! Porque se você estiver inteiro, neste ou em qualquer outro momento, conhecerá sua potência máxima!

fofoca

Carregamos o outro na arquitetura do nosso pensamento. Por isso, a crítica dirigida ao outro é uma forma indireta de enaltecimento de si mesmo. Quando não construímos uma relação de vínculo e diálogo interpessoal com o outro, ele passa a ser apenas um instrumento do nosso egotismo. Por exemplo: não perdoamos nos outros faltas que perdoamos em nós mesmos porque não há empatia e, nesse caso, o outro é apenas um recurso a mais para que nos afirmemos. Essa agenda oculta faz do outro o culpado e o bode expiatório dos nossos defeitos. Esse é o falso prazer da fofoca, já que maliciar o outro nos redime de faltas semelhantes. Não há como evoluir sem liberá-lo dessa parceria perversa. Se tivéssemos noção do quanto nos prejudica usar pessoas como meros instrumentos para a realização dos nossos interesses, abandonaríamos essa presença como faríamos com um encosto!

fogo

O fogo é um evento terreno. Não conhecemos nenhum lugar no imenso universo já desbravado onde haja fogo. Mesmo Vênus, o mais quente dos planetas do nosso sistema solar, só conhece a lava, porém sem a ocorrência de fogo. No nosso próprio planeta, o fogo é moderno, tendo cerca de quatrocentos milhões de anos, quando a atmosfera então atingiu seus 13% de oxigênio. Nós também precisamos de condições especiais para incendiar a nossa alma. É impossível fazê-lo na infância, embora lá corra o magma da vida; mas o fato é que o fenômeno do fogo na alma demanda maturidade e desenvolvimento da espiritualidade. O físico e o emocional são mais antigos do que o espiritual. Este último é recente na escala humana, sendo necessárias diversas concentrações de experiências e ilusões para que se obtenha a combustão da alma. O espiritual não é o emocional – lava que irrompe da alma. O espiritual é a flama, a combustão imaterial, e é atraído para cima. Seu aspecto mais incrível é o azul do centro do fogo. Ali, na cor anil, está o consumo total do oxigênio, o centro da combustão, algo que só há na Terra. O fogo não é pouca coisa... traga-o para a sua vida, ele é o espetáculo da terra!

fome

O que estaria por trás da preferência por oferecer afetos ao invés de recebê-los? Poderia ser um movimento de controle, para envolver e dominar o outro? Poderia ser a baixa valia e o medo de dependência? Apostaria, porém, num efeito reverso da carência. É o que acontece no amor, onde é mais prazeroso amar do que ser amado. E antes que alguém se levante para dizer que ser amado é fundamental, quando se trata de compará-los, amar é mais inebriante. Porque, diferente do que se imaginaria, amar é uma fome, enquanto ser amado é um prazer. E, se o prazer é uma festa, a fome é uma urgência. O choro do poeta não correspondido é miúdo diante da ausência de amar. Um se põe triste; o outro, deprimido.

força

Somos mais fortes do que nós, porque nunca nos experimentamos nesse momento. Cada momento da vida tem uma grandeza maior do que as outras. Não é uma questão de acúmulo, e sim de maturação, porque nos renovamos a cada vez; ou seja, estamos lapidando e aprimorando a nossa existência a cada instante. O paradoxo de envelhecer é que invertemos a ordem natural mediante contínuas renovações, e o novo continua sendo a matéria, a substância do amadurecer. Por isso, somos capazes de arrancar de nós, com a passagem do tempo, forças desconhecidas, alegrias inexploradas e experiências inéditas. A força não é só a potência, mas o viço e o vigor. A pujança tem componentes de qualidade que não decrescem, muito pelo contrário, engrandecem com a passagem do tempo.

formação

Nunca consideramos em nossa avaliação de risco que seremos outra pessoa após as nossas experiências. Muito do que chamamos de percalço são experiências de formação e formatação da vida. Claro que vamos resistir às quedas! Mas é importante saber distinguir desconfortos desnecessários de desconfortos necessários. Em todo caso, não seremos os mesmos depois de uma experiência, e essa é a grande aventura de existir. Nunca se imagine o mesmo após algum processo, seja ele qual for – porque irá parecer que você não possui os recursos para enfrentamento que se criam exatamente pela experiência. A vida ou Deus nunca oferecem situações que são intransponíveis. Tal sensação se deve ao fato de não nos conhecermos depois de um evento ou outro. Não é que "o que não mata, fortalece"; o que se passa é que o momento posterior conta com outro você para ajudá-lo a lidar com o seu futuro! Nada é mais atemorizante do que não saber projetar um novo você num novo momento!

fração

Morrer é apenas passar para outro estilo de vida! A compreensão mais importante é que não somos um todo, somos uma parte. Parece ao nosso sujeito que somos uma integridade, mas a lucidez leva a pensar que somos mais um item ou um componente do que uma integridade total. Se esse é o caso, pouco importa onde estamos e qual a realidade que nos circunda. O que se apresentar, seja lá o que for, será o novo real; e interagir com ele será o novo que a tudo preenche de sentido, não importa qual for a experiência. Então, sempre estaremos garantidos por um estilo, por um charme ou por um gênero próprio e particular de realidade. Confie na elegância cósmica! Afinal, sua aterrissagem por aqui foi plena de sofisticação, com uma mãe e leite materno para a maioria; com ar e tantos outros dispositivos e engenhocas como cortesia! Se o universo é amigável, talvez esta seja uma expectativa otimista. Mas, que nele haja decoro e que seja alinhado, é uma espera razoável.

fragmento

Nosso corpo e nossa identidade parecem tão reais que os utilizamos como norteadores da realidade. Mas ficamos perdidos quando descobrimos que, tal como o próprio antropocentrismo, não somos o centro de nada! As coisas não giram em torno de nós e nossa integridade não está em nossa unidade. Pelo contrário, o maior prazer da vida é perceber que a consciência de que somos parte, e não à parte, nos atravessa. Nesses momentos a vida se torna plena e nos revela o propósito do nosso despertar, que é experimentarmos, observadores e vigilantes, a percepção de não sermos separados. Nada é mais você do que este aclarar!

fraqueza

A ocultação de uma fraqueza ou de um deslize é a definição de um pesadelo, uma fantasia que cisma recorrentemente em reabrir uma ferida. Pior que isso, só a legitimidade que oferecemos ao imaginário: com ele, podemos ir às profundezas abissais ou desmedidas, porque não está sob regulação ou limitação impostas pela realidade. Podemos dizer, então, que todo exagero é mórbido, porque ele transgride as grandezas da vida e as distorce. Opte sempre por manter as suas faltas no âmbito da realidade; só ali elas têm proporções que as fazem consertáveis e perdoáveis!

fronteiras

Janelas são fronteiras camufladas. Já a liberdade abre nossas portas para além do platônico e do imaginário. Com frequência nos enganamos acreditando que das janelas alcançamos horizontes, mas não há horizontes pelas janelas! Isso porque horizontes não são limites: neles nada impede ou limita um novo horizonte. Essa experiência, porém, só está disponível para quem está fora da janela. Por ela, o horizonte sempre será apenas visual e, no mais, se configura tal qual uma fronteira! Crescer é saltar essa janela que, mágica até certo ponto, é prisional a partir de outro!

fugir

Quando estiver passando pelo inferno, continue! A reação instintiva e instantânea ao mal-estar é fugir recuando, quando, muitas vezes, a fuga está para o que ainda vai acontecer. A decisão sobre fuga ou enfrentamento tem validade até certo momento das escolhas. Mas, a partir de determinado ponto, fuga e enfrentamento se fazem uma opção conjunta: encarar em deslocamento e debandada. Porém, não existe mais o movimento para trás, tão somente o para o que ainda vai acontecer. Ou seja: tentar bater em retirada prolonga o inferno, e a gestão dos infernos é fundamental! Esse é o momento em que a vertigem não se verifica olhando para baixo ou para os lados, apenas para trás! E a tontura do caminho sem retorno só encontra um "Dramin", um antídoto antivertiginoso, ao apressar o passo apontando-o para o futuro. A vertigem do caminho para trás está no fato de que um processo seu, totalmente seu, se pôs em andamento. Não passar por ele é como não passar por si mesmo, e nada pode ser mais desnorteante!

futuro

Somos muito tolos por temer a incerteza do futuro, pois ela não é maior do que a do presente. Acho que fazemos isso para evitar a vertigem que seria admitir que o presente também é incerto; por isso fazemos pouco dos costumeiros conselhos para não nos preocuparmos com o futuro. Abrir mão de se preocupar com o futuro nos impinge reconhecer as mesmas incertezas no presente. Fazemos isso deliberadamente! Porém, como em todo truque, o ilusionista no final das contas não entrega a realidade. E assim perdemos a grande oportunidade de viver as incertezas e os desafios do momento. A preocupação com o futuro é vã, porque não sabemos por onde ele passará. O mesmo não acontece com o presente – tempo em que podemos verdadeiramente lidar com o incerto, corrigindo-o ou experimentando o agridoce de sua contingência e seu descontrole. A preocupação com o futuro é inócua, enquanto a preocupação com o presente nos diz respeito. No futuro, só se pode estar, não se pode ser. Por isso, no futuro não se vive e não se morre; ambos os epicentros só ocorrem no presente.

G

gaiola (1)

Olhares e pensamentos são invisíveis, mas encarceram com mais frequência e severidade do que prisões implacáveis. Para desfazer esse feitiço, temos que nos lembrar de sua natureza imaterial. Sim, porque os olhares dos outros só se formam em imagem se refletidos nas rejeições que experimentamos; e os pensamentos dos outros só nos alcançam porque os refletimos em recalques e inseguranças no nosso próprio pensamento. Mas o tempo todo temos a chave dessa prisão, dessa gaiola, nas nossas mãos, de modo que o olhar do outro só é um calabouço – e seu pensamento uma masmorra – se você não perceber que a sentença é sua, que o juiz é você. Conceda a si mesmo um *habeas corpus* ("que tenhas o teu corpo"), ou, melhor dizendo, um *habeas anima* ("que tenhas a tua alma").

gaiola (2)

A fragilidade humana num mundo cruel e implacável nos leva a buscar asilo em gaiolas autoimpostas. Tentamos nos proteger do mundo e da liberdade, criando prisões confeccionadas de temores e receios. De dentro delas sonhamos com um pássaro que possa habitá-la e que também nos resgate. O pássaro não irá alegrar a gaiola, isso é uma ilusão. Por outro lado, pensar em voar e partir dali é por demais avassalador. Ficamos pateticamente sonhando com o tal pássaro da gaiola... mas ele não virá! Ele está por aí, solto e voando. Na gaiola, temos que nos contentar com sonhar, mas um sonho nunca vira pássaro!

gargalhada

O entusiasmo das crianças é algo que nunca mais experimentamos em sua plenitude. Por vezes, tangenciamos essa experiência e ficamos de alma lavada. Só as crianças e os animais conseguem balançar sua "cauda" como uma gargalhada da alma. Claro, as crianças humanas não têm mais caudas, apesar de, por um período de suas vidas, poderem se valer de suas fraudas pelas vias da memória inconsciente evolutiva. Para os adultos, não fica apenas a inveja e a nostalgia: sempre se pode buscar inspiração neste modelo. A combinação é simples: o agora é tudo, o depois não existe, o novo é infinito, o corpo é todo, a entrega é total, a disposição é só o que importa, nada a perder, tudo a ganhar. Experimente e faça isso de duas a três vezes por dia!

garra

Com a maturidade, aprendemos a lidar com as estações da alma. Nelas, diferente do que se dá no mundo físico, os invernos são capazes de incubar os aquecimentos da superação e da garra. Toda vez que encontramos em nós a firmeza para enfrentarmos as adversidades, ganhamos luz própria e nos capacitamos a manter nossos próprios verões, mesmo fora de estação. E o verão da alma, além da luz e do calor, também contempla a serenidade. Encontrar esse verão pessoal é o que os místicos chamavam de Bitul – a anulação das condições externas e a criação, em si, de um ambiente de paz independente das circunstâncias.

gasolina

A informação tem propriedades incendiárias! Da fofoca ao viralizar, ela é o combustível ideal para a combustão em alta temperatura sobre materiais secos, desidratados de novidade. Por isso é tão importante nos responsabilizarmos por qualquer meio/mídia de comunicação, já que aí estamos sempre sujeitos a adicionar fogo a material inflamável. E tal como nos incêndios, o vento soprará para além da nossa expectativa e, rapidamente, perderemos o controle do que causamos – seja de modo direto ou indireto. Conhecer a química e a física dos elementos é então obrigatório e imputa culpa, porque a autoria vai para além da intenção, englobando todo o dano causado. Diferente das substâncias inflamáveis que reagem com o oxigênio, as palavras da boca ou o dedilhar de teclados reagem ao dióxido de carbono das nossas expirações, pela fala!

generosidade

Quando nossa generosidade espera a gratidão, ela perde a qualidade do altruísmo, e a expectativa de reconhecimento recoloca um ato de graça em âmbito condicional e interesseiro. Em tal contexto, somos capazes de duplicar a malícia, porque o nosso ressentimento pela ingratidão pode elevar a lógica de permuta (via expectativa de retribuição) à condição de ofensa ou desfeita. A ingratidão seria indiferente se você não esperasse nada em retorno: tanto faria o nada ou a ingratidão. Assim, se você fez sem esperar uma recompensa, não a considere uma ingratidão, porque nunca houve nada pelo que estar grato; o único sentimento que você pode experimentar é o desapontamento. Eis então que descobrimos que há apenas a gratidão; não existe a ingratidão. A ingratidão é apenas o sentimento de não haver gratidão quando nunca deveria ter havido mesmo – já que aquele não era um ato de graça!

genialidade

A genialidade nada mais é do que a iniciativa em chamas! A iniciativa é de uma potência incrível e, quando lhe agregamos a imaginação, consegue fazer artes, mágicas e até milagres. É que a iniciativa carrega em si o fazer, que é impressionante exatamente porque realiza. E se lhe aplicarmos a invenção e a criatividade, algo sai, algo acontece no campo do novo e do inesperado. A alma de qualquer surpresa é o que se faz, e ficamos mais espantados e admirados com essa capacidade de trazer algo para a realidade do que com o projeto em si. Efetuar e executar é maravilhoso, é alquímico. O arquiteto tem que dominar os materiais; o artista, as substâncias; e o teórico, a matemática – porque sem a faculdade de ser um iniciador, a genialidade não é possível. Não é à toa que o gênio (o mitológico, da garrafa!) é um fazedor e um iniciador: ele demanda três pedidos da escolha e da vontade, mas o seu poder é o de realizar.

gênio

Somos todos gênios quando sonhamos, porque estamos diante de nossos desejos. Três? Não importa, o número de desejos é apenas a possibilidade de tudo independente da realidade dos pedidos, que é a experiência de êxtase. É o adulto em nós que só aceita o sonho realizado, como se seu objetivo fosse algo objetivo! Mas a essência do sonho é a chance, a esperança e a promessa. Sua realização é um detalhe ao qual os maduros, por sua vez, ficam fixados e apegados. Para estes, o sonho é o mesmo que um objetivo, um propósito. O sonho original não é para chegar a algum lugar; seu encantamento está no começo e não no fim. O fim lacra definitivamente a lâmpada e deixa o gênio frustrado por mais dois mil anos.

Quando será que alguém vai lhe pedir apenas a possibilidade? No interior da lâmpada, o mundo é menos tedioso do que este mundo externo das finalidades e realizações. O gênio não troca um desejo por um querer.

gente

O que nos faz gente é a presença do outro. Podemos ser pessoas apenas conosco mesmos, assim como podemos ser humanos apenas com os nossos sentimentos e o nosso intelecto. Porém, só conseguimos ser "gente" na interação com o outro. E, para isso, temos que ter sensibilidade e generosidade – algo que só é possível quando em relação com outros indivíduos. Talvez por isso essa palavra seja naturalmente plural: gente quer dizer nós, ou um conjunto de pessoas. Assim, ser "gente" é a condição humana de não ser isolado; trata-se de um eu que carrega para além do sujeito sua interdependência com o outro!

gentileza

A gentileza é uma forma de potência, já que ela dobra o inflexível, afeta o alienado, dá esperança ao cético e humilha o arrogante. O mais incrível é que ela deriva sua força de simplesmente ser "gente"! Gentil é a arte de ser gente, humano, *mentsch* (expressão em ídiche para designar alguém do bem). "Pessoa" (gente) pode ser o contrário de ser pessoal, o antônimo de se ofender ou de se ressentir. Quando a energia não é direcionada a si, mas ao outro, essa é a condição em que você mais se apodera de sua humanidade.

gestual

É comum que as emoções se manifestem corporalmente. A alegria evoca o sorriso; o medo, o fechamento do corpo; a raiva, o ranger de dentes; a inveja, os olhares; a vergonha, o rubor; o nojo, os movimentos de boca e nariz. Já a dor, a tristeza ou o transbordar de emoção produzem o choro. Entre todos, o choro é o mais sofisticado, porque envolve vários elementos: os olhos, a boca, os sons, gestos faciais, soluços e movimento com a garganta. Essa explosão de manifestações objetivas e perceptíveis aos outros tem um efeito colateral: parece que o choro nos aproxima mais da vida ou das coisas. E, de emoção, o choro acaba ganhando pinta e soberba de uma ação! Essa é a razão de nos apegarmos a ele como se fosse um recurso. No entanto, não se trata de uma ação e preserva sempre sua essência reativa. Devemos chorar todos os choros emotivos, mas devemos ficar alertas com o choro enquanto ferramenta de interação com a vida, porque ele não nos aproxima da realidade.

gnose

Pensar nos põe no centro do universo porque é um ponto de pivô. Mais do que um critério, um pensamento é uma localização de referência; estamos onde nosso pensamento está porque ele é o parâmetro para a nossa presença. Quando ficamos atônitos e confusos, a primeira coisa que perguntamos é: "Onde estou?" Não se trata aqui de se estar perdido espacialmente, é claro, mas da incapacidade de fixar um pensamento. Sem ele, entramos num espaço inóspito, num universo com outro centro. A acusação de antropomorfismo, ou seja, de que o ser humano se considera o centro do universo, não advém apenas de arrogância, mas também do fato de que vivemos imersos numa constante miragem de que o eixo do universo está no nosso pensamento. Pensar não implica em existir, mas em se encontrar! Difícil imaginar que o pensar não está no tempo, mas no espaço. É por isso, aliás, que podemos sonhar ou devanear livremente, indiferentes às medidas de tempo. O que não podemos fazer jamais, em momento algum, é deixar de nos localizarmos. Então seria o pensamento uma loucura, ou um engodo? Não... ele não é um disparate, porque o centro do universo está em todo e qualquer lugar.

gosto

A gestão de quanto se resguardar e de quanto se arriscar deriva de dois instintos básicos: enfrentar e fugir. As espécies que apenas fugiam foram extintas; o mesmo aconteceu com as que apenas enfrentavam. Os que evitam as beiradas têm mais garantia e trocam qualidade de vida por quantidade de vida. Não há receita, e será sempre pessoal a dramaturgia da sua vida. Porém, o nosso prazo de validade é dado e ninguém, por mais rico que seja, consegue comprar o passado. Não viva a vida insossa, seja o "*chef*" de sua existência e torne-a "*haute cuisine*", alta cozinha, não deixando de colocar nela os melhores temperos! Os gostos e as vistas deste mundo são sublimes!

gozador

É fundamental o lado gozador e brincalhão da vida. Para que a moderação seja uma forma de astúcia, é imprescindível que ela também seja moderada. A sobriedade e o comedimento podem se corromper em seriedade, sisudez e monotonia. Saber temperar a vida com os condimentos do gracejo, das travessuras e até das malandragens é essencial. A ironia, a coincidência e a surpresa desempenham um papel importante na dramaturgia da rotina.

graça (1)

Imaginar que a coragem seja derivada da graça, da graça sob pressão, é genial. A coragem é uma forma de ânimo, de disposição para agir; já a graça, além de ser um desembaraço, é também a potência humana que emerge da condição de se estar centrado e inteiro em si. A graça combina espontaneidade e audácia, verdade e presença, e é a melhor representação de uma pessoa. Por isso usamos a expressão "sua graça!". Em situações de demanda e ameaça, a graça congela e se torna coragem. Porém, em seu estado líquido – o mais frequente –, ela apenas encanta, seduz e se impõe. Nunca a perca, porque a sua debilidade leva ao desânimo, à timidez e até mesmo à covardia.

graça (2)

Gracejar e entreter-se tem poder terapêutico! A noção de que brincar é curativo advém da mesma potência dos sonhos. Sonhamos como uma espécie de zombaria da realidade; nos sonhos jogamos, caçoamos, debochamos e até ridicularizamos os acontecimentos. Tirar as coisas da ordem e de ordem, explorar caminhos não apontados, nos resgata das sutis e invisíveis violências da rotina. Em situações mais graves, a ludoterapia é utilizada para ajudar crianças a superar desafios ou aflições. Porém, todas as crianças e, em particular, a criança que permanece para sempre em nós (não a infantil!) precisam de jogo e de troça para desopilar e relaxar. Jogar é um importante antioxidante para as "radicalidades livres" da vida que tanto nos desgastam e envelhecem!

gramática

As aspas libertam as palavras da escuta inflexível. Diferente da imprecisão, é a "desprecisão" de estar enquadrado à compreensão "desimaginada". A fantasia e a criatividade precisam da indeterminação. As aspas são o sinal da lucidez, porque libertam e convidam. Enquanto os dois pontos determinam e fecham, os parênteses exemplificam e esclarecem, e as reticências induzem, as aspas amplificam e convidam! A poética é sempre a forma mais sofisticada de pensar, porque analisa sem julgar e reflete sem racionalizar. O louco e o racionalista se atrapalham com as aspas. Para o primeiro, é o gatilho à incontinência; para o segundo, a ambiguidade paralisante!

grandeza

A ideia de que "menos é mais" não se sustenta sozinha. Ela só é um princípio como uma medida, ou seja, depende de alguma referência ou proporção. A interpretação ou a leitura são fundamentais na crítica se as preservamos dentro do marco de seu contexto. Fora dele, elas podem representar um disparate. Então, quando interpretar, mantenha-se na conjuntura ou nos limites da circunstância analisada. Uma constatação não é um axioma ou uma norma. A crítica é sempre um contraste, uma antítese; torná-la tese é perder parâmetros e voltar à insciência. Para afirmar que grande seja pequeno, largo seja estreito e muito seja pouco, a crítica se faz necessária para estabelecer valor e medida.

gratidão (1)

A gratidão é a sensação de se estar recebendo mais do que se merece. Se houvesse percepção de mérito, não sentiríamos gratidão. Ela vem da sensação de que algo sem razão, sem competência, nos é oferecido. A alegria tem o gosto de um presente, de um brinde da vida, sem o requisito de qualquer merecimento. Não há mérito e também não há qualquer culpa por não haver feito jus a ela. A graça e o gratuito inspiram a alegria, porque nos fazem lembrar das plataformas grátis e gratuitas da vida! Por elas, nos reconectamos com o epicentro da vida, de onde emana a alegria.

gratidão (2)

A prioridade do agradecimento é total. A gratidão é perecível e se decompõe gradativamente, porque ela é um impulso emocional e, se for retardada, ganhará contornos artificiais e perderá sua potência. Portanto, corra para atender à sua gratidão, não deixe para depois, pois ela congela e cristaliza; daí a urgência em mantê-la em seu estado fluido – para transfundi-la de coração a coração!

gratificação

Nada é a sua própria recompensa, com exceção da paz! A alimentação é o nutrir, a sexualidade é o prazer e o dinheiro é o sustento ou o consumo. Por vezes, achamos que a segurança traz a paz, mas aqui já há uma intermediação, de modo que não é a própria paz a recompensa. Já o dinheiro é uma ilusão maior, porque, mesmo que ele a traga, está a duas etapas da paz: a segurança e a paz em si. A paz é o objeto do desejo, mas não a paz da alienação. É a paz de cumprir seu potencial na medida exata, nem a mais, nem a menos. Aí o sono dos justos se revela!

gratuidade

A propriedade é uma ficção! A vida é um inquilinato e não admite aquisições permanentes: tudo é empréstimo, concessão ou consignação. Não basta dizer que da vida nada se leva, mas que dela tudo se conjuga – e não pelo verbo "ter", mas pelo verbo mais momentâneo "estar". O único investimento que tem potências realmente patrimoniais é a doação; por ser algo ofertado, permite uma retenção, uma posse imune à impermanência. Alguém poderia questionar: mas que posse é essa em que o item em questão já não é mais seu? Se você doou, o usufruto daquele artigo será para sempre seu. Mesmo quando o tal artigo passar a outras mãos, sua posse não dependerá mais da conservação do objeto. Como em tudo, é importante conhecer as leis para obter o melhor resultado contábil!

gravidade (1)

Pensamos no "ponto de não retorno" como uma ameaça, quando na verdade ele é um constante objetivo. O "ponto de não retorno" é uma instigação; é o alvo a ser atingido, e não evitado. Foque-o como sendo o centro de gravidade de seu avanço. A própria caminhada é um balançar em que jogamos o corpo para a frente e, de "ponto de não retorno" a "ponto de não retorno", nos deslocamos. Ir para a frente é exatamente a resolução de não retornar. Não tema esse ponto, celebre-o!

gravidade (2)

A importância da força da gravidade é a conjunção de duas de suas condições: a de ser categórica-irrefutável e, ao mesmo tempo, invisível-imperceptível, servindo como uma mudança de referência para o julgamento da realidade. Até muito pouco tempo, os sentidos determinavam e constrangiam a realidade. Nossa capacidade de comprovar que coisas invisíveis impactam nossas vidas e atuam sobre elas é muito recente – até mais do que aquelas que pertencem ao pequeno espectro do que nos é sensível. Tal mudança, que tem a idade da descoberta da eletricidade e da física subatômica, deveria dar um banho de humildade em nossa ação reflexiva de pensar! O verdadeiro pensamento não é reflexivo, mas crítico e criativo. Nossa maior bênção não é pensar, mas poder sonhar. E hoje o sonho é demonstrado em laboratório. Fique atento às leis e às forças, porque elas não são notadas *a priori*!

guinada

As guinadas e os revertérios não são boas estratégias de transformação, assim como não o são os regimes alimentares muito restritivos que conseguem resultado temporário: não demora muito e as coisas voltam ao lugar, sem qualquer modificação e deixando apenas o sacrifício e o custo da reviravolta. É difícil perceber isso, porque se o certo estava na outra direção, pareceria intuitivo pisar no freio e dar meia-volta... No entanto, a verdadeira dieta ou a virada real só acontecem quando desaceleramos da direção errada até estancar um processo para, só então, trabalhar no retorno à direção correta. O mesmo acontece com as revoluções: sua revolta aumenta a instabilidade e, com brevidade, uma nova revolta coloca tudo no mesmo lugar. A verdadeira reforma acontece desmontando e substituindo. Converter, e não reverter, é que é o caminho; pela conversão, não pela revolução, se transforma tudo.

H

habitual

Aquilo que nos envolve, que nos é corriqueiro e comum, se torna alheio e despercebido – por isso peixes não são autoridades sobre a água! Então, sim, devemos "ensinar o padre a rezar a missa". Ou intervir em todos que, exatamente por viverem enredados e comprometidos com certa realidade, precisam de ajuda para enxergar além. Aquilo que para você é o padrão e o evidente merece receber outro olhar daqueles que, de fora, conseguem fazer visível o entorno que o envolve. Nossos pontos cegos não são quinas ou ângulos, mas o que nos rodeia e nos é habitual. É mais um paradoxo que o notório não seja notável e que o que está diante da nossa cara não seja visto!

hálito

O silêncio é uma intenção que se executa ao meditar. Meditar não é o esvaziamento, mas o preenchimento do silêncio. A quietude é uma ação no mundo que impacta tanto ao silenciado quanto a todos que estão à sua volta. Meditar ocupa e preenche a vida de serenidade!

Enquanto o vazio é destituído de presença, com a meditação é o contrário, pois ela ocupa o silêncio com comparecimento e existência. Pôr no centro nossa relação com o universo orienta e posiciona a experiência de viver. O gosto da vida em sua essência mais pura está no silêncio. Ele é o hálito de ser!

hesitação

Assim é a indecisão: você pensa que está indeciso e, ao tentar tomar uma atitude, fica ainda mais imobilizado. A indecisão não é uma escolha, porque ela já nasce sem o desejo de todas as demais possibilidades. Esse estado emocional é gerado porque o desejo não amadureceu plenamente e, a partir de um querer prematuro, buscamos uma preferência que não existe. Então tentamos encontrar a razão fora de nós, com argumentos a favor e contra. Está formado o labirinto sem saída, porque não há motivação. Devemos ser muito cuidadosos para não cair neste limbo em que o que você "escolhe" não é o que você deseja; não por esse tipo de escolha ser o contrário do que se desejava, mas pelo simples fato de escolhas dessa natureza não serem realmente ansiadas! É preciso aprender a não ser afoito e sair na corrida de algo desprovido de desejo. A repetição dessa conduta vai se entranhando em você e condicionando-o a fazer movimentos que são anteriores ao ânimo. E sem este último, o indeciso é um desalmado, penalizado a vagar por aí sem si mesmo.

hipótese

Todo conhecimento advém da experiência, que é a resposta do mundo às nossas ações, validando ou não uma tese ou proposição. Por mais elaborada e substanciada que seja uma hipótese, basta uma única experiência para prová-la errada. Então, o grande recurso para todos nós, de crianças a anciãos, é colocar a mão na massa e fazer. Nada é mais triste do que nos colocarem em torres de marfim e nos privarem do prazer de sentir o mundo acolhendo um ato que partiu de nós. Esse abono e esse aval é como um beijo correspondido pelo mundo. Todos buscamos essa experiência, porque é ela que nos inclui e nos reflete no vazio.

história

As maiores personalidades da História, via de regra, precisavam ou de estátuas que disfarçavam sua verdadeira estatura, ou de fotos que, afixadas em lugares públicos, os distanciavam do povo para serem grandes! Quanto mais perto se chega de celebridades e mitos, menores eles ficam, já que se encontram desnudados de suas figurações. As grandes pessoas, por sua vez, crescem com a proximidade e a intimidade. Com certeza, as maiores que você já viu foram as que conheceu de perto!

hoje (1)

Temos que evitar a armadilha do amanhã. O amanhã é um seccionamento do grande dia de nossa existência. Essa ferramenta cronológica nos engana com a compartimentalização que favorece o procrastinar e o protelar. Não faça amanhã o que pode fazer hoje: faça agora! Faça como produto de sua existência, e não como produto de uma programação. Hoje é o seu aniversário porque hoje é tudo e, também, porque é no tempo que está alojada toda a sua existência. Não aguarde o capítulo seguinte: a vida não é uma prosa de prólogo a epílogo; é, isto sim, uma poesia declamada a cada momento. Surpreso? É hoje... Feliz aniversário!

hoje (2)

"Hoje é o amanhã com que você se preocupou ontem" serve como lembrança de que o tempo não é um bem a ser estocado, salvo ou manipulado. O tempo é uma relação, uma velocidade, e não devemos encarar sua natureza de forma equivocada. A preocupação é um indício utilitário do tempo, porque busca subverter a sequência temporal, antecipando o que ainda não é. E é muito difícil evitar tal preocupação, mas eis aqui uma sugestão mais interessante de como se "preocupar" com o tempo presente: hoje é o dia com o qual você se preocupou ontem! Então, não é para preocupar-se com o amanhã do dia de hoje, mas sim atender à preocupação de ontem. A proposta de se pensar de modo reverso não é para confundir, mas para fazer cair a ficha de que a preocupação constante, em cadeia, faz com que o dia a ser finalmente vivido nunca aconteça. Caso não consiga parar de se preocupar, preocupe-se sempre com a preocupação do dia anterior sobre o amanhã, assim conseguirá se reencontrar no tempo.

honestidade (1)

A honestidade não é um atributo ou uma faculdade, e sim um potencial. Apenas depois de testada, ela de fato pode se efetuar ou não. Por isso, a frase paradoxal de G. Marx é genial – porque quem diz que é honesto já não o é! E o mesmo vale para a humildade, pois ambas são virtudes de autocontrole, e não podem ser qualificadas previamente à prova da experiência propriamente dita. Nosso instinto não reconhece propriedades e apropriações. Assim, é somente na prática que podemos utilizar critérios e princípios que efetivamente nos levam ao comedimento. Em outras palavras, aqui se aplica a norma da presunção de culpabilidade, ou seja: todos somos desonestos até que se prove o contrário!

honestidade (2)

O mundo regrediu muito desde que passamos a condicionar a verdade a fontes específicas de informação. Hoje em dia evitamos a verdade que provenha de quem pensa diferente de nós, por isso escolhemos nossas fontes: para que digam o que queremos ouvir. No entanto, a verdade gosta do outro e habita na diversidade. Uma verdade customizada, extraída das ideias e não da realidade, perde a sua única qualidade indispensável, que é a retidão!

honra

Em geral, as mágoas contêm componentes de honra ferida. A honra alheia ou a que devemos aos nossos pais é uma precedência, uma prioridade. Mas quando falamos da nossa própria honra, é diferente: parece que ela é a preservação da nossa dignidade. Contudo, quando queremos conferi-la a nós mesmos, logo se deforma e se faz arrogância (arrogar é apropriar-se, é atribuir-se importância). Está assim montada a arquitetura para você se magoar! – que é a sensação de que algo foi subtraído de você. Nesse caso, é importante saber que estamos nos autoinfligindo aflição e padecimento – tudo produzido pela pintura que fazemos em nosso imaginário!

honrar

Quando pensamos que a ideia de honrar os pais é uma obrigação, deixamos de perceber que, na verdade, trata-se, antes de tudo, de um legado. Para honrar, você precisa de um senso de reverência, que é justamente a capacidade de respeitar e prestar deferência. Não é uma submissão, mas um zelo e um apreço que ampliam a grandeza de viver e de ter significado. Em geral, esse legado não é ensinado com ideias, mas através do amor e da presença vividos nos próprios lugares onde os adultos exercem a vida adulta. Levar o filho ao local de trabalho, a locais de lazer ou de orações permite que ele o veja – e presencie suas ações – em sua vida adulta (e não apenas lidando com ele como criança). Isso possibilita calibrar tento e compostura, consideração e sensatez.

horizontal

A vida não se desenrola sobre um plano, mas sobre uma inclinação. Por não admitir inércia, a vida não pode ser representada por uma horizontal. E, por ser um processo e não um pico, tampouco pode ser caracterizada por uma vertical. Oblíqua, a vida produz uma inclinação que expressa sua dinâmica constante. O esforço e a ingenuidade humana tentam driblar essa condição através de vários subterfúgios para planificá-la, mas ela se impõe. Quem não acresce, decresce; e quem não avança, regride. A busca por aplainar a vida a torna chata, pois é o "cardio" da sua inclinação que nos mantém em forma. Fazê-la subir não é o mero movimento competitivo de desempenho ou performance, mas o senso de sentido que nos conduz. É por conta disso que ganhamos musculatura nos nossos propósitos.

horizonte

É o olhar que faz o horizonte; "horizonte" não apenas no sentido do limiar entre o céu e a terra, que é uma miragem, uma preferência nossa pela aproximação em detrimento do real propriamente dito (porque nesse caso específico a distância entre a estimativa e a realidade não é pequena, mas gigantesca, e suas consequências são totais e não parciais!). Seja como for, no horizonte dos sonhos e projetos humanos o mesmo se dá: sua amplitude tem a ver com o olhar desferido sobre eles! O olhar preguiçoso é mais do que estreito; ele é inepto, e não nos damos conta disso. Ou seja, achamos que estamos perto e até nos incomodamos com os que chegam ao alvo quando nós não conseguimos fazê-lo: é que a aproximação pode tornar o perpendicular paralelo, e vice-versa; e o que começa quase idêntico, ao final é absurdamente discrepante. O olhar é um supor, um achar. Sua potência não é a de um parâmetro, mas a de uma utopia.

horizontes

Horizontes são limites curiosos porque não restringem, apenas balizam, e essa é uma relação muito linda com o passado e o futuro, já que podemos nos vincular a ambos por via das emoções – a saudade e a esperança, respectivamente. Às vezes parece que o passado, tendo já ocorrido, e o futuro, não tendo ainda existido, não têm como evocar emoções. Porém, é justamente em seu limiar, em seu encontro com o presente, que o passado provoca a linha da saudade e o futuro engendra a demarcação da esperança. Por isso a saudade é tão fugaz e intangível, como um risco visível, porém inalcançável; a esperança, por sua vez, é um traçado débil e vaporoso – perceptível, sim, porém intocável. Contemplar esses dois horizontes é o que nos identifica no presente. Sem eles, é como navegar sem estrelas.

humanidade (1)

O que nos faz humanos é a racionalidade. Diferente da noção de que é a sensibilidade ou as emoções que fazem de nós "gente", é a presença da racionalidade (em combinação com as emoções, é claro) que nos humaniza. As emoções próprias a todo mamífero só ganham especificidade humana em sua maravilhosa interação com a mente. Não temos como fugir dos sentimentos e, com certeza, é o coração que nos aponta o caminho. No entanto, se ele não levar consigo a sua "mente", isso será um desvio de humanidade, por mais emotivo e afetivo que seja. Entenda-se por "mente" uma potência: a capacidade específica de cada um de se perceber conscientemente. Não há uma normalidade para a mente, mas é a sua presença, independentemente de sua forma ou intensidade, que nos sagra como gente.

humanidade (2)

Toda empolgação é uma irracionalidade. A essência do arrebatamento da animação é integralmente emocional. A etimologia da palavra, em latim, significa "ser forte" ou "ser poderoso". O sentido, no entanto, é o de ser uma euforia, quase um espasmo. Nossa espécie depende de uma estrutura de freios e contrapesos que só a crítica nos oferece. Porque é humano ser continente e é humano se vestir, buscando a prudência e a sensatez que flertam com a repressão, com a contenção e com a inibição. Claro que esse aparato não pode prescindir da propulsão de seu motor, que são a motivação e a atenção exigidas para não prejudicar seu desempenho. Entretanto, a potência não é quantitativa, medida em cavalos, mas qualitativa, medida pela perícia ao volante!

humano

A revelação de Deus está associada à revelação de nós mesmos. Só ao identificar um sujeito em si, o ser humano pode se conceber como criado. Isso não quer dizer que Deus seja imaginário; mas, sem o imaginário de que nós existimos, não faria sentido pensar num criador projetista e com propósitos. Daí a relação inequívoca de sermos imagem e semelhança de Deus; não tanto por termos semblantes similares, mas por haver uma relação direta entre a existência de ambos. Personificar o Criador e a si mesmo são, portanto, dois lados de uma mesma moeda.

humildade

As relações são determinadas pelos atos de dar e receber. Não há equidade entre esses polos: quanto se dá ou quanto se recebe é coisa que não precisa ter relação de equivalência, tipo cinquenta por cento. Dar e receber são interdependentes; quanto se "dá", ou quanto se "recebe", determina-se por necessidades e potências. O que, sim, existe é a diferença qualitativa entre oferecer e receber. Isso aparece nas emoções associadas a cada um, porque quando recebemos nos sentimos gratos. Entretanto, quando doamos nos sentimos abençoados. É que receber é mais difícil, porque demanda submissão e exige humildade. O fundamental é que a relação não seja medida por quanto cada um deu ou recebeu, e sim pela alternância segundo a qual, para alguém se sentir abençoado, é preciso que outro alguém esteja grato!

humor (1)

O humor não tem nenhum compromisso especial com a alegria. Na verdade, ele é composto por crítica e se vale da ironia, do absurdo e do patético, coisas que estão mais próximas do campo das tristezas e das atribulações humanas. Sua função é humanizar os infortúnios e abatimentos que sofremos, colocando-os como parte da vida e convidando-os a serem celebrados como tal. Esse enfrentamento das infelicidades, encarando-as sem virar o rosto em sinal de temor ou vergonha, gera o humor. E passar pelas próprias tempestades com a cabeça erguida, comentando todos os efeitos desse contratempo, é humorístico!

humor (2)

O exagero não configura apenas um desequilíbrio: por vezes, ele pode ser um recurso de expressão. O humor utiliza o exagero; a exuberância, a surpresa; o requinte, a ironia e o luxo. As emoções, então, são vidradas pelo exagero! – razão pela qual as novelas encantam tanto, dado o que há de exagerado em mocinhos e vilões. O exagero está ainda nos desejos e nas fantasias. Essa condição positiva ou funcional do exagero acontece no mundo emocional e mental (que, é claro, também conhece as suas toxicidades!). No plano físico, porém, é diferente: o exagero é insalubre e insustentável, não é ético nem estético. Seja como for, tudo tem lugar neste diverso universo!

humor (3)

O pessimismo sempre foi um importante elemento para o humor. Ser pessimista contém um pouco de rir de si mesmo ou de tentar amenizar a tragédia humana pelo exagero. A overdose ou o descomedimento para o lado do que é ruim produz um imediato movimento de querer reequilibrar um dos pratos da balança puxando-o humoristicamente para baixo – e daí resultam alívios para os infortúnios da vida. Essa, aliás, é a razão do otimismo muitas vezes deprimir porque, se você não estiver num estado de euforia, irá tentar reequilibrar os pratos dessa balança trazendo-os de volta ao centro, isto é, ao realismo. E rebaixar algo que é pesado é sempre muito mais "leve", por assim dizer, do que elevar! As brincadeiras do tipo "poderia ser pior" têm essa pegada de consolar. Woody Allen sabe usar muito bem esse recurso de nos puxar para baixo ou de nos apresentar a vulnerabilidade humana, com isso nos trazendo alívio. E cá entre nós... quem não está fracassando realmente é porque ou não está "botando a cara", ou não está tentando o suficiente.

I

identidade

Sempre pensamos na identidade como uma integração. Na verdade, a identidade é uma dualidade. Ela representa a presença de uma identificação que nem sempre converge com a nossa identidade pessoal. Esse exercício é fundamental para o desenvolvimento da pertinência, já que as identidades nos vinculam a grupos e comunidades. No entanto, é preciso estar alerta para que esses embates permaneçam como uma fonte criativa e enriquecedora, porque a identidade pode se tornar uma camisa de força para que nós vivamos distantes do nosso próprio senso crítico e valores. Por outro lado, esse estado dialógico e de controvérsia construtiva nos permite engajamento e compromisso, na medida em que todo compromisso começa como uma dualidade – embora esta evolua para a integração e a dança de encaixes, que, por sua vez, promovem a unicidade. Curioso é que a dialética não produz "dois" olhares, mas a unicidade, a síntese. Sem ela não se chega ao "um", mas ao "nenhum".

ídolo

Nas relações afetivas, pode-se ter múltiplos parceiros, mas no amor, não: ele é dual. Na verdade, o amor como paixão é sempre referente a um outro único. É isso que nos impacta tanto, ou seja, a redução do mundo a um único alguém. Nos tornamos fãs por endeusarmos os nossos ídolos; eles jamais erram ou são imperfeitos. A mesma mandinga que afeta fãs afeta amados. Na verdade, o fã é um apaixonado apenas em uma das pontas da relação, porque o ídolo até participa apaixonado, mas não pelo indivíduo e sim pelo coletivo! A tietagem é uma paixão real; sua natureza, porém, é a de um casal formado por um e muitos!

ignorância (1)

As pessoas não são burras, o juízo é que é apenas uma função, ou seja: basta ter as informações erradas para que o juízo seja cancelado, porque ele processará essas informações com premissas equivocadas. Dessa forma, a razão ou a sensibilidade da pessoa não terão a menor serventia. Por isso, fique muito atento às suas opiniões – elas só irão representá-lo se você for bem informado. Em nossos dias, ter opinião sem informação parece quase que um direito! Sim, é legítimo ter opinião, mas, se você não for bem informado, mesmo não sendo funcionalmente estúpido, evidenciará isso no seu grau mais agudo – que é a ignorância! Porque o estúpido não sabe saber, mas o ignorante, sabendo saber, "sabe" errado. Desinformado, o ignorante, além de incompetente, ainda arvora mérito! Vale dizer que o desinformado não é irreflexivo, mas tudo o que ele reflete são ilusões; assim, como numa sala de espelhos onde quase tudo é imagem, fica difícil encontrar o objeto. A opinião é então o último estágio do saber, e ela requer informação, juízo e imparcialidade. Sem qualquer um desses elementos, a opinião só faz favorecer a perversidade.

ignorância (2)

A ignorância é tão mais recorrente do que a maldade! – mas nos esquecemos disso. Julgamos as pessoas como se fosse o contrário, isto é, como se fossem más e não ignorantes... e nos equivocamos. E é difícil conceber uma ignorância quando nós não a temos, porque a própria luz de não tê-la ofusca a visão da sua sombra. Melhor assim, porque o mundo fica mais auspicioso, uma vez que a ignorância é benigna e tem cura! Sim, ela pode fazer coisas horríveis, mas é regenerável. Cuidado, porém, para não insistir nisso, e passar você mesmo de um "ignorante da ignorância" a um malicioso! Fique longe da ignorância. Mas, se a encontrar, não a troque por uma malícia!

igual

O igual é mórbido. A graça e a surpresa estão sempre onde há vida. Só apreciamos o hábito – e ele só é saudável – se for uma maneira diferente de viver o mesmo. O encantamento é um efeito experimental da mudança, e vida é apenas outra palavra para mudança. A vida é constantemente um estado no qual não há inércia. Esse movimento perpétuo embala a existência. Por isso, o mar inconstante é maravilhoso!

igualdade

A igualdade para a mulher é uma meta exígua diante do progresso masculino dentro do patriarcado. A ambição do feminino deveria ser uma total desigualdade frente ao masculino, até porque essa paridade é construída a partir do conceito de competição e antagonismo. Esperamos do feminino um novo desigual: feito de apreciação de dons e talentos, de júbilo por ser suplantado e de comunhão com o êxito alheio. Tempos virão em que os pleitos de igualdade e imparcialidade serão tão primitivos que evocarão memórias de ultrapassados instintos de rivalidade e de conflito; tempos virão em que mensurar-se pelo outro revelará vício e imaturidade, denunciando incivilidade. Torcendo para que as mulheres saibam ultrapassar o que é justo, ensinando e emanando o que está para além da lei e do direito!

ilusório

O aparente às vezes se dissimula e se camufla. Outras vezes, se produz por um filtro interno que nos impede de ver com nitidez – como, por exemplo, o fato de acreditarmos facilmente em tudo o que desejamos. Somos seduzidos pelo aparente, pelo "quase"; por isso será preciso aumentar o nosso conhecimento em relação a isso para percebermos o que é verdadeiramente estranho. Certos amigos e parceiros são assim: quanto mais os conhecemos, mais distantes, afastados e separados deles nos tornamos.

imaginação

A imaginação é muito maior do que o conhecimento. A imaginação é um plano; o conhecimento, uma linha. Turbinada pelo inconsciente, a imaginação é mais do que um plano; ela ganha verticalidade. Essa dimensão espacial total da imaginação é o que nos faz viajar por virtualidades e possibilidades que não estão disponibilizadas na linha e no plano da realidade. Solte sua imaginação para além de seu conhecimento e tenha abertura para acreditar nos vultos e ventos do oculto de seu próprio mistério! Sua imaginação ganhará as asas necessárias para sair de seu plano, e esse voo é memorável. Ver a realidade de cima, como um drone que se afasta do pequeno e do comezinho, é em si um banho de alegria e esperança! Vá com tudo em seu decolar!

imaginar

O pensamento está sempre vinculado a um propósito ou interesse. Sua função é fundamental para que, antes de agir, possamos construir cenários analisando e estudando resultados. Por isso, o pensar tem a linguagem da prosa, que tende a ser objetiva. Já a imaginação é mais relaxada e livre, sendo ela subjetiva. Podemos dizer, em linguagem poética, que é bem próxima do sonho. Sua função é, portanto, recreativa, uma forma de lazer cuja incumbência é meramente experimentar. Lindas, as funções existenciais específicas de cada um! – o pensar como recurso mental de "estar", e o imaginário como recurso mental de "ser". Não faça do pensar um imaginário, e tampouco do imaginário um pensar: isso irá comprometer a qualidade de seu "ser" e do seu "estar"!

imaginário

Confundimos o sonhador com o delirante, quando, na verdade, o insano é o literalista, o sem subjetividade. A prova disso é que as pessoas de ação são as sonhadoras, e não as realistas – estas últimas empacam na limitação de sua amplitude e expansão. Para agir, é preciso propor e gerar propósito – coisa que é sempre da ordem do imaginário. É preciso, também, inventar caminhos pelo nunca transitado, o que não pode ser objetivo e delineado. É, portanto, pela deliberação e invenção que o impossível é projetado e arquitetado; a fantasia é a planta de projeto, é o primeiro passo de qualquer jornada. Nossos voos e nossas asas, então, são o norte para o qual ainda não há direção ou manual. Para aqueles que dizem que a vida vem sem as regras do jogo, ledo engano: o imaginário é o tutorial!

imobilidade

Por incrível que pareça, temos que fazer muitas torções e arranjos para permanecer no mesmo lugar. A vida é tão dinâmica que estar inerte demanda muito esforço, razão pela qual as questões nas quais estamos estagnados, na nossa vida, são aquelas em que despendemos mais energia: as inúmeras idas e vindas necessárias para se ficar imóvel revelam a tormenta que é não se permitir os movimentos e os fluxos. Mas a estagnação nunca é uma condição passiva; nela se despendem forças enormes para se evitarem os deslocamentos! Mas, para a alma humana, é justamente no movimento que se encontra quietude e serenidade – enquanto que no fixo e no imobilizado estão os tormentos e as atribulações!

impacto

A sombra é uma medida de impacto. Tudo que você fizer que vier a causar impacto no mundo produzirá alguma forma de sombra. Elas parecem custos, efeitos colaterais, mas em realidade são parte integrante da ação e do impacto. É próprio do nosso imaginário querer separar a sombra do corpo que a produz, na tentativa de dissimular que é da presença do corpo que existe a sombra. Essa tentativa de dissociação tem o desejo interesseiro de usufruir sem considerar os custos embutidos. Custos diretos e indiretos são parte de qualquer atividade, e cabe à maturidade assumi-los integralmente. É infantilidade temer as sombras ou querer alijá-las da realidade. É por isso, aliás, que as crianças tanto as temem: como Peter Pan, querem ficar no escuro sem as sombras, porque é quando acendemos as luzes que elas se tornam tão visíveis!

impermanência

A vida é traçada e trançada por processos. Produzir ondas ou castelos de areia, na expectativa de aferrar-se ao mundo e possuí-lo, só faz aumentar a sensação de vazio e de impermanência. São cantos de sereias! Não corra atrás de gratificações rápidas porque, com brevidade ainda maior, elas desaparecem e o senso de finitude perpassa morbidamente à sua rotina!

importância

A estratégia é o plano de ação que leva você aonde quer chegar. A tática, por sua vez, consiste nas etapas e ações necessárias para fazê-lo. É aqui que nos confundimos, gerando contradição – ou escolhas desnecessárias – entre estratégia e tática. Ambas são fundamentais! Se você tentar alcançar metas apenas com estratégia, não irá longe, porque é a tática que trata das ações que permitem lá chegar. Por outro lado, tampouco se alcançam metas apenas com táticas que, no final das contas, se tornam um trabalho sem rumo. O importante é justamente a costura da tática com a estratégia. Em dado momento, a tática é importante porque impacta a estratégia; em outro, a estratégia é importante porque orienta a tática. A importância, portanto, é o caminho das pedras! É ela que discerne a relevância da estratégia, sabendo quando passar o foco à tática e quando revertê-lo novamente à estratégia. A importância não é nem uma coisa, nem outra – mas aquilo que tece e entrelaça essas coordenadas.

improvável

A vida é tênue e rúptil, razão pela qual se aborta tão facilmente frente à realização de projeto tão ousado. O malogro, então, não é incomum na grande aventura que é produzir indivíduos de corpos tão elaborados e com tantas funções e incumbências. Há também o vulnerável das espécies, que contam suas histórias e desaparecem... O instável e delicado de um mundo de tantos encaixes e interações é sempre uma manifestação improvável. E, para além da precariedade e do efêmero da vida... ela ainda é absurda! Isso porque, na diversidade, o diferente é um disparate para um dessemelhante (muitas coisas neste mundo nos parecem ilógicas porque olhamos para uma mesma realidade, mas de lugares e ângulos diferentes). Que a vida seja tão perecível e tão bizarra é mais que espantoso, é maravilhoso. O mundo é um vapor mágico!

improviso

Quão incrível é o improviso! Como se inventa algo do nada? Toda improvisação e toda criação é constituída de um ponto de inflexão que é um descaminho, uma dobradura. A essência que permite esse ponto de inflexão é o acolhimento de uma verdade, pois o que é fidedigno e genuíno é a verdade inquestionável que impõe às coisas um novo curso, iluminado por seu brilho. É ele que faz ver algo ainda não visto e que interfere de forma categórica na antiga inclinação ou direção, modificando-a. A vida é feita do acatamento dessas integridades comuns a cada momento, e de sua potência de nos renovar com inovação.

inadequação

Não há maior terror, na morte, do que não ter vivido. Porque não temos certeza de todo o nosso potencial, e tememos não tê-lo exercido. Essa responsabilidade de ser quem somos plenamente tem valor para fomentar o desejo, mas não é real fora do nosso imaginário. Não explorar alguma faculdade ou potência sua não determina qualidade; e pode-se ser alegre e feliz sem haver disposto de algum recurso ou de facilidades. Então, não é por não ter feito uso integral de si mesmo que você sai lesado ou perde "pontos" em sua existência. Essa não é uma questão externa, mas interna. Sua potência calibra seus desejos, e dificilmente você vai viver uma vida que não é sua. O olhar dos outros, bem como as expectativas de si mesmo perante os outros, é que estabelecem esses parâmetros de ambivalência. A vida é sua; faça dela o que bem entender.

indivisibilidade

Tudo que é vivo exalta a vida. Viver não é um estado, uma condição, mas uma apreciação. Deve haver uma consciência em tudo o que é vivo, uma cognição de si mesmo que define a potência individualizada de ser e de poder morrer como uma unidade, um exemplar. Essa fração inteira da qual experimenta tudo que é vivo é espetacular. Ela produz a indivisibilidade de um sujeito que, provavelmente, é o que também produz a finitude de tudo o que é vivo. Ser uma fração não permite eternidade; ao mesmo tempo, ser inteiro obriga a se constituir este si em fulano ou sicrano. E, nesta situação, todos despertam para o dia cantando em reconhecimento e em ciência desse saber!

inebriado

A paixão é uma certeza porque paramos de comparar. O apaixonado tem convicção – a mesma convicção que depois tratamos com desdém, como se tivéssemos cometido um erro. Mas não era exatamente um equívoco o fato de que a pessoa era incomparável, porque o que a fazia única não eram características que depois poderíamos descobrir como faltosas ou defeituosas. Em outras palavras, era o amor que produzia o inigualável – tal como um espaço ocupado que não admite ubiquidade. Daí que nunca erramos nas paixões. Elas estão para além do erro. A sua essência não é o outro ou não está no outro; na verdade, é antes uma potencialidade nossa que se manifesta. Então, é sempre melhor se apaixonar do que não fazê-lo. A paixão pelo outro não é sobre o outro, e sim sobre nosso ardor por entrega e dissolução. E mesmo que alguém lhe diga que é uma loucura, não tenha dúvida de que é uma loucura! Nenhum amor está no âmbito do sentido ou da razão. Inebriado não é um estado adormecido, muito pelo contrário, está acima do despertado!

infância

A origem da palavra infância provém do latim e quer dizer "aquele que não fala". O infante era tratado como um ser que, pela inabilidade de comunicar inquietudes e sentimentos, era um incógnito na sociedade dos conscientes. No entanto, vemos que são os falantes que gradativamente perdem a capacidade de acessar seus próprios sentimentos e desejos. Falar é uma faculdade intelectual, e um de seus efeitos colaterais é o afastamento de si e da espontaneidade. Essa degeneração – resultado da gradativa incapacidade da fala de nos representar na medida mesma em que ela se desenvolve – nos leva a terapias que, por sua vez, nos ajudam na busca por uma fala que nos inclua. Em outras palavras: a fala não pode substituir a presença, sob o risco de exprimir e representar um cadáver.

inimigo

O mafioso sabe que não deve odiar o inimigo, porque isso altera seu julgamento, já que a afetação enfraquece a objetividade e empodera o adversário. O mafioso, ao contrário, derrota seu inimigo por dentro, determinando sentimentos e ações, subjugando-o com suas próprias competências e imobilizando-o com sua própria força. Nunca batalhe no campo do seu imaginário, pois é como se você estivesse em terreno mais baixo; o ódio na inimizade é como um xeque-mate, e pode tombar a sua peça logo na largada, em sinal de desistência! Vigie e zele por seu imaginário: ele é o lugar mais estratégico de sua governança! Se for o caso, lhe desejo afáveis inimizades!

inocentes

Os inocentes são maravilhosos! Nada é mais puro e verdadeiro do que a inocência; ela é um atributo diferente da ingenuidade, que é uma fraqueza. O ingênuo não é inocente: seja por temor, seja por incompetência, ele não enfrenta a vida e foge sem sair do lugar, como um avestruz com a cabeça enterrada. Assim é que o inocente está para o simples na medida que o ingênuo está para o simplório – um é transparente, enquanto que o outro é nebuloso. É curioso que não seja possível ao inocente ser ingênuo, porque a ingenuidade é uma culpa, e não uma inocência!

insultos

A avaliação pela falha é típica da crítica. Quando nos pegamos fazendo algo errado é comum nos xingarmos de "burros" ou "estúpidos". Qual seria a razão de nos insultarmos, se não deixamos de nos amar por um momento que seja? Isso se deve à razão que sublinha as deficiências para promover melhoria e crescimento. Portanto, reconhecer *"la différence"* por atributos negativos é uma estratégia própria do desejo de aperfeiçoamento. Os homens são realmente lunáticos, porque privilegiam a objetividade em detrimento da noção de contexto. Então, apesar de se mostrarem pragmáticos e racionais, vivem no mundo da lua no tocante à sensibilidade humana (como idiotas emocionais!). Já as mulheres, estas vivem pelo contexto, e não é incomum perderem o foco parecendo "idiotas" diante do que é racional (como lunáticas intelectuais). As diferenças, sem dúvida, são as manifestações mais relevantes na cooperação por mutualismo!

inteligência

Não é a disciplina que produz a ordem, mas a inteligência, já que a ordem é uma medida de prioridades e uma capacidade de dispor das precedências. A disciplina é a aplicação de uma força, fazendo com que você se submeta a ela. A ordem, ao contrário, não suporta ser excessiva, porque se desorganiza justamente onde a disciplina não sabe evitar esse excesso. Os controladores e os obsessivos podem parecer capazes de criar ordem, mas isso é ilusório. Porque o arrumado pode ser ineficiente; o hierárquico pode ser desrespeitoso; o preparado pode ser inadequado; o ajeitado pode ser desajeitado; o coordenado pode ser confuso; o pré-estabelecido pode ser deficiente, e assim por diante. Só a inteligência consegue verdadeiramente organizar, porque a ordem provém da crítica e não da estética.

interdependência

A independência é um aspecto da liberdade, já a interdependência é um aspecto da vida; o primeiro aspecto é, portanto, subordinado ao segundo. Curioso que a independência seja acessória à interdependência, o que, por definição, já não a faz mais tão independente assim! – sendo a mutualidade e a reciprocidade infraestruturas fundamentais para que haja qualquer liberdade. Aliás, essa é a razão de a liberdade de um terminar quando começa a do outro – é que a sua natureza é de soma zero, ou seja, de uma anular a outra. A interdependência, por seu turno, é uma liberdade comprometida cuja soma é não-zero: quanto mais cooperação e solidariedade houver, mais os envolvidos ganham. Em outras palavras: a interdependência de um não termina na interdependência do outro, pelo contrário, ela se alarga. Vamos fazer a pós-revolução anos 1960 e inventar a revolução da pós-independência, a da interdependência!

intimidade

A intimidade é uma permissão que nasce da fusão entre confiança, aconchego e atrevimento. Ela rompe a couraça do corpo físico e nos encosta alma a alma. Por sua vez, o convite ao corpo é feito de outra forma: ele é convidado não a tocar ou acompanhar, mas a se sentir por afeição. Costumamos pensar que a solidão também é vencida pelo encontro, quando na verdade é o tangenciar, o roçar que nos inclui. Então, trata-se mais de estar perto do que da junção em si; mais da presença do que do contato; mais do pessoal do que da pessoa. Na intimidade não se chega ao outro pelo abraço – gesto do encontro por excelência. Na intimidade, se beija: o gesto do tangenciar.

invasão

O pensamento do outro é privado. Achar que ele nos diz respeito pelo simples fato de ser sobre nós, isto é, por sermos o protagonista onírico do outro, é um engano. O pensar tem que lidar com suposições que se mostram equivocadas ou loucas, e com emoções que nos levam aos lugares mais longínquos e estapafúrdios. O importante não é o que os outros pensam sobre nós, mas o que pensamos dos outros que pensam de nós! Em ambos os casos, a crítica, a educação e os valores (estes sim de nossa responsabilidade) norteiam o nosso pensamento. Ser interrompido pelo pensamento do outro, seja em julgamento, seja por vergonha, impacta nossa espontaneidade e se configura como perda de autonomia – uma vez que o pensamento do outro invade o nosso.

inveja

Não é incomum que o indecoroso incomode, não por razões ligadas aos princípios ou ao escrúpulo, mas à inveja. Sempre que um desejo reprimido é realizado por outra pessoa, ele produz uma forma de repulsa incontrolável. Essa repulsa provém da raiva de não termos nos permitido exercer liberdade semelhante e, muitas vezes, demandamos que o castigo (ou o custo imaginado por tal conduta) seja aplicado a quem experimentou tal desejo. Em vez sermos intoxicados por essa terrível emoção negativa, deveríamos ver essa pessoa como um mestre. Você não precisa necessariamente, nesse momento de sua vida, provar daquilo que ficou interditado. Mas a pessoa que a princípio você odiou, ela pode lhe oferecer caminhos e olhares que o ajudem em processos pertinentes nesse mesmo momento – no qual, inclusive, você poderia vir a repetir o mesmo padrão desnecessário de autocensura. Sempre que ficar indignado, pare e reflita. É grande a chance de que tenha topado com um enorme aprendizado!

invenção

Nada é mais paradoxal do que a invenção, pois ela pode ter o sentido de uma criação ou de um falsear – eu invento como uma mentira ou como um ato supremo de engendrar. No mundo externo, o inventado produz suspeitas; já na esfera interna, nada é mais referencial do que o inventado. O frescor do que é autêntico e o viço do que é genuíno são os mais legítimos parâmetros que nos dão testemunho do que é real. Então, se não houver algo de autoral, na verdade, a invenção até pode ser o que é, mas não a reconheço. Nunca andamos por nenhum lugar que não inventamos, nunca olhamos para nada que não fabulamos e nunca pensamos algo que não imaginamos. Não somos factuais porque nossa existência interfere na realidade. Por onde você andar, a neutralidade e a isenção serão imediatamente suspensas. A realidade de cada um é única!

inventar

A vida não é sobre se achar, mas sobre "se inventar"! O imaginário determina nossa percepção. Muitas vezes nos sentimos perdidos e pensamos que precisamos nos encontrar, como se houvesse um sujeito constante e estável em nós! Mas o sujeito é como o presente: no nanossegundo seguinte, ele já não é mais. Então, nossa tarefa não é encontrar a nós mesmos, mas inventar-nos. E assim como não há caminho, pois este se faz ao andar, também não há sujeito – pois este se faz ao inventar. Achar é relativo a algo que previamente existia; inventar faz alusão a algo que virá no futuro. E você só irá de fato se encontrar na trilha entre o seu presente e o seu futuro. Não há outra direção!

invisível

Vivemos dentro de um mundo que nos é invisível. Nossa percepção capta apenas fragmentos desprezíveis da realidade e, com essas frações, infere e compõe o mundo. Tomamos decisões, elaboramos causas e engendramos crenças, então, a partir dessa aproximação grosseira. Essa limitação não seria tão relevante se não a propagássemos exponencialmente por via das nossas certezas: você consegue imaginar a grandeza da cegueira de quem não vê e acha que enxerga?! Deveríamos tocar a vida como se ela fosse um alfabeto braile, desfrutando de cada alteamento de seu relevo como uma revelação sagrada. Em vez disso, nos precipitamos em peripécias diante do precipício de nossa incompreensão. E no lugar de lermos o mundo e dele fazermos parte, parece que preferimos beber da escuridão que o torna impenetrável.

ironia

A ironia é um recurso que, assim como o humor, é capaz de produzir reverberações. Para algo ser cômico, é necessário que o cérebro fique ecoando e ressoando determinado conteúdo. Para tanto, o recurso ao absurdo ou a alguma contradição é essencial, porque a mente humana fica retumbando e repercutindo aquilo – coisas que ela não consegue fazer sossegar em nosso intelecto, como se estivessem fazendo cócegas no pensar. Dessa inquietação se gera um desejo (quase uma tentação reflexiva) de rir. Uma piada é capaz de produzir isso de modo exemplar: ela nos leva numa direção e logo em seguida a sabota, funcionando como ignição desse processo. Com a ironia é similar, com a diferença de que esta usa o exagero em vez do absurdo. Vale dizer que um exagero consegue produzir esse tipo de efeito contrário justamente porque o despropósito afirma o oposto do que se está dizendo, enfatizando algo ao se propor o inverso. Por exemplo: ser um sucesso em seu fracasso expõe a humanidade de nossas expectativas e da carência que temos por reafirmação. Ou seja, por um instante uma esperança é levantada para, logo em seguida, expor o ridículo das nossas intenções. Esse circuito circular é a graça. Digamos, pois, que a jocosidade é redonda. Quanto à ideia, esta é linear.

irracional

É comum inquirirmos sobre a fé por via da explicação, como se essa fosse uma função do intelecto. O que nos leva a tal equívoco é que há, sim, presença de intelecto na fé, mas ela é subordinada ao coração. O intelecto é incapaz de imaginar o que não é real, e só consegue alcançar um novo degrau se este já estiver materializado e disponível. A fé, então, precisa do coração e de seu fervor emotivo para se lançar ao que ainda não é. Para trair o intelecto dessa forma é preciso que ele esteja subordinado, e aqueles que ficam buscando o fio da meada da razoabilidade não o encontram (porque, antes, é a meada inteira mesmo, para só então aparecer o tal fio!). O invisível e o inexistente são limitações da mente que, vale dizer, o coração não conhece, e é dessa ousadia irracional fornecida pela alma que o coração se enamora e coopta a mente a segui-lo. Assim, o coração se lança ao degrau que não existe, enquanto a mente pisa no que já foi consubstanciado por fé.

isenção

Ignorar é desconhecer algo; a estupidez, por sua vez, é a falta de bom senso e de sensatez. O primeiro é uma circunstância, o segundo é uma condição; um é inadvertido e o outro, deliberado. Nas relações humanas, adoramos nos esconder na ignorância para ocultar nossa estupidez. Da ignorância, não nos envergonhamos porque não nos responsabilizamos. Já a estupidez nos representa intencionalmente e nos desabona. Em outras palavras, diante da ignorância podemos ficar passivos, mas da estupidez, não! – porque ela advoga para si uma legitimidade (própria à ignorância) que desonra a todos! Fique ligado porque, diante da estupidez, o desconhecimento ou a ignorância não são isentos.

J

já

Há tempos para contabilizar o tempo. Há o passado que vai sendo compactado e perde viscosidade, como se numa grade de arquivos a serem acessados, mas já sem elasticidade – qual gravuras a ilustrar as emoções do momento. Desidratado, o passado perde dimensões e se planifica no que não é mais projetável ou programável. O futuro, por seu turno, é inflado do abismal possível e imprevisível. Nossa terra de verdade é o presente, o lugar ordenado pela não ubiquidade e onde cada coisa acontece numa ordem dramatúrgica irreversível. Tão pontiagudo é o presente que nele se pode morrer!

janela

A maior parte da vida passamos na janela – os nossos pensamentos são janelas! Daí o Windows simular na tela do computador uma grande janela. No entanto, as aberturas para o exterior são insuficientes para a vida; esta precisa de portas que permitam vivenciar, experimentar. A vida depende de portas, muitas portas: são vínculos com outras pessoas e com eventos que geram oportunidades, dos quais costumamos dizer que "batem" à porta. Há, porém, algo maior do que uma porta – um portal! Um portal não é uma encruzilhada do destino que permite passagem e acesso. Um portal é algo que age sobre a realidade, engendrado por nossa engenharia existencial própria, que faz acontecer. Mais do que isso: prepare a realidade para que aconteça o que você espera, pois inventar uma porta é criar um portal!

jocosidade

O humor deriva da autoconfiança ali onde a sisudez provém da insegurança. A jocosidade não se leva a sério e faz chacota de si por conta da tolerância que tem consigo mesma e da assertividade de que dispõe. O sisudo usa a inflexibilidade e a rigidez para garantir ordem e controle, enquanto o bem-humorado usa a alegria como forma de coragem, valendo-se da curiosidade e da motivação para dispensar medos. Daí a diferença entre assustados e entusiasmados chamar tanta atenção! Quando vemos que aquilo que apavora a um estimula o outro, percebemos a distância dos sentimentos que alimentam essas reações. Não é intuitivo percebermos que o receio é uma falta de alegria e que a animação é uma forma de confiança. O extrovertido e o desinibido derivam graça de sua autoconfiança e elegância de sua "desimportância".

jogar

Quando as crianças jogam, brincam ou imaginam, estão desenvolvendo a mais incrível condição da consciência, que é a de entender. Alcançar algo mentalmente não é coisa que se faça com um tutorial, ou então com um passo a passo – como fazemos, por exemplo, ao copiar enquanto o professor resolve um problema. Assimilar – tijolo elementar da consciência – é inventar! Cada vez que entendemos alguma coisa, é como se estivéssemos concebendo e inovando naquele momento. Não há como entender sem a exclamação pessoal e silenciosa de "eureka!". Ao se vivenciar a introspecção e o foco próximos ao *zoom* que produz a descoberta, ali certamente estarão movimentos involuntários de agitação e arrebatamento. Inventar é o máximo humano!

jornada

Perder-se também é caminho, porque a jornada não é constituída de rotas traçadas, mas do próprio caminho trilhado. Fosse outro o caminho, ou seja, um caminho sem as nossas desorientações e perdas, seria outra senda e outra vida vivida. Quando apontamos um destino, a chegada (ou não chegada!) é um detalhe, apenas um ponto entre outros que têm a mesma legitimidade na jornada. Os desencontros, os desvios e os becos sem saída possuem, até, uma virtude que a trilha previamente tracejada não possui: eles costumam ser as incursões mais originais de nossas vidas. Já as trilhas comuns, aquelas que levam os turistas sempre aos mesmos lugares, costumam produzir menos causos e histórias para se contar para os netos!

jovialidade

A ideia é conseguir morrer o mais jovem possível, porém o mais tarde possível! Juntar o predicado da juventude e o da longevidade é estabelecer uma relação retroalimentada entre qualidade e quantidade. É muito comum que a qualidade consuma a quantidade, e vice-versa. Essa regência pode impedir que vidas sejam consumidas precocemente na juventude por uma combustão desenfreada, assim como pode evitar aquilo que a frase de Benjamim Franklin apontava: "Muitos morrem aos vinte e cinco e só são enterrados aos oitenta e cinco!" Juventude, então, quer dizer simplesmente a vontade de recomeçar, de reiniciar. Porque a vida é toda feita de ciclos que se esgotam, e precisamos de habilidade, de saúde, e de saber refazer e reconstruir. Sem essas faculdades, envelhecemos e inveteramos (a armadilha do veterano é justamente a crença de que já viveu e sabe de tudo). Sempre duvide de que você tudo entendeu e/ou usufruiu plenamente; a vida é repleta de mistério e, se você perdeu essa perspectiva, essa juventude, resgate-a. Tente viver jovem até onde for possível!

juízo (1)

Uma das complexidades da educação está na relação entre o coletivo e o individual. Para além das relações sociais, que são importantes, o desenvolvimento intelectual é pessoal. Quando tratamos do pensar no coletivo, ele tem que ser coerente (e convergente) para com o grupo ou a maioria. O pensar ganha então características de fala e fica compromissado com valores e com o que é considerado politicamente correto. A crítica, porém, não é assim tão diplomática e inclusiva; e a educação deveria ensinar a pensar e não o que pensar. A liberdade e a ousadia do pensamento não atendem a todos, e o que se aproxima de um, se afasta do outro. O ensino deveria proteger o processo pessoal de desenvolvimento e, só então, expô-lo ao contraditório do outro e do coletivo. Caso contrário, a escola acaba ensinando o próprio pensar e, ao invés de afiná-lo e refiná-lo, o impregna de pensamentos alheios.

juízo (2)

Na medida de sua verdade, uma crítica ou um comentário doem! Essa "dor" de consciência, porém, poderia ser vivida apenas como uma ponderação ou um juízo, porque a dor se estabelece quando estamos imersos na mentalidade da dualidade. É do "eu pensar em mim", por assim dizer, que surge o paradoxo de estar pensando em mim mesmo. Ora, se estou pensando ou julgando a mim mesmo, quem é esse que pensa ou julga? Parece existir outro ser que faz a mediação entre o ser e o olhar sobre quem se é! E é pelo fato de a pessoa "ser" e, ao mesmo tempo, poder se observar "sendo" que nasce a inadequação, ou seja, a dor de ela se imaginar errado, em vez de sair convencida dessa equação. Quem se convence é íntegro. Já quem deseja defender, proteger sua pessoa ou imagem (ou, ainda, quem não estiver sendo quem realmente é) sofrerá de dor – porque a verdade o tornará integralmente errado, em vez de apenas expor um erro!

julgamento (1)

O Deus único é uma obviedade – efeito das nossas diferenças, que projetamos no mundo. Se pudéssemos perceber a arbitrariedade do nosso olhar, aprenderíamos a ser mais tolerantes; e também a entender que nosso julgamento é tão parcial que deveríamos nos envergonhar de emitir opiniões levianamente. Nas redes, opinamos com segurança demais e, o que é pior, sem o menor senso de ridículo! Se ao fazer isso você souber que as opiniões provêm das diferenças, tudo bem, só não pode achar que está certo!

julgamento (2)

Por que será que nos importamos tanto com a opinião de quem não tem importância para a gente? Às vezes acreditamos que nossa imagem pertence a quem nos olha e, mesmo que não haja nenhuma razão para nos envolvermos com esse olhar, permitimos que ele nos detenha e nos capture! É quando a vaidade nos faz perder a posse da nossa própria imagem e trocamos nosso ser pela aparência. Viver de reflexos nos faz mal à saúde. Você não é responsável por aquilo que o outro vê, apenas por aquilo que faz e que sente. Se o outro se apodera de si, aprisionando-o à sua imagem, imediatamente você fica suscetível ao "mau olhado", pois perceber-se por esse olhar é uma coisa que lhe rouba autonomia e, com ela, a sua alma.

justificação

As nossas tentativas de adequação em geral são frustrantes, porque não há como se realizar por normas externas. A vida é um processo de se tornar, de se transformar; uma combinação de estados que temos que transmutar. Os ajustes, portanto, não são para o mundo, mas para si mesmo. E o que mais pesa nas adaptações e correções de vida são as novas etapas e os novos estados de si próprio. Por outro lado, ajustar-se a eles nos leva ao contentamento, porque só assim efetuamos e concretizamos a nós mesmos. Pode parecer estranho, mas é o mundo que aguarda para se ajustar a você!

juventude (1)

Parte da alegria da infância é a inexistência da morte. Sim, é verdade que há crianças que experimentam perdas ainda pequenas, mas é menos comum. Ainda mais em nossos dias, em que, com o aumento da longevidade, é raro crianças pequenas perderem até os avós. Mas esquecemos que a ingenuidade da infância é quase paradisíaca por ser anterior ao conhecimento da morte. De fato, viver a vida de modo que esta esteja blindada desses elementos tóxicos que são a morbidade e o temor (gradativamente inculcados no nosso olhar tanto à direita quanto à esquerda) imanta a infância de magia: ter uma vida inteira sempre diante de si e composta não pela percepção dos anos à frente, mas pela simples sensação do dia pleno e total (que contém todos os amanhãs possíveis!), é algo formidável. Que viagem seria se pudéssemos extrair a morte das nossas vidas! É possível que recuperássemos boa parte da infância e da ingenuidade. A morte tem mais participações nas nossas escolhas e desistências do que imaginamos!

juventude (2)

A relação entre saúde e juventude é tudo! Jovem é quem se sente bem: um jovem que não se sinta bem não experimenta a juventude;

já o idoso que goza de saúde é jovem. Isso porque a jovialidade é saber instalar o espírito no corpo; enquanto conseguir fazer isso, você é jovem! A energia do corpo é entrelaçada com a vida emocional e espiritual. Ousaria dizer, até, que a juventude experimentada na maturidade é maior do que a juventude da mocidade, por duas razões principais. A primeira é que o corpo em bom estado (mas que já é longevo) desenvolve uma saúde que possui um primor e uma excelência que o próprio corpo novo não conhece (porque, apesar de ser zero quilômetro, ele não foi ainda acertado e adaptado com acuidade). A segunda razão é que estar hospedado num corpo saudável – jovialmente saudável, mas com toda a prática e traquejo do corpo maduro –, é algo que produz maior qualidade no bem-estar. Ou seja: aproveite bastante a saúde de fábrica da mocidade, mas prepare-se para, cuidando da sua saúde, experimentar o espetáculo da jovialidade versada!

L

lágrima

As lágrimas emocionais secam mais rápido. Essa constatação se deve ao fato de elas serem diferentes das basais, que lubrificam as córneas constantemente. Lágrimas emocionais – que só os humanos vertem – contêm mais proteínas, motivo pelo qual são mais viscosas. Isso reduz a velocidade com que correm pela face, cumprindo a sua missão de serem vistas pelos outros, para criar laços. A identificação de uma vulnerabilidade é a chave para se criar empatia e compaixão! E a dramaticidade de percurso da lágrima que não desliza é uma revelação deliberada da presença marcante das emoções. Já no coração, são vinculadas às emoções móveis e variáveis... Uma vez que uma lágrima atenda a uma emoção, como um anjo, ela evapora, tendo, então, cumprido sua função.

latência

Paranoia é um efeito do conhecimento. Ter acesso às informações nos aproxima da realidade de que tudo é possível e, portanto, de que pode "acontecer com qualquer um". Nosso senso de alarme e perigo fica então superativado, e entramos em estado subliminar de estresse. O mais importante dos recursos da consciência é o saber colocar as coisas em modo de esquecimento. Em exagero, isso produz alienação; porém, na medida correta, é a forma de desintoxicar o nosso sistema nervoso e sensível dos radicais livres da ansiedade. Sem o bloqueio consciente da conjuntura e da realidade, ficamos paranoicos. Não ver também é um expediente da inteligência. O subconsciente é a lixeira da nossa gestão, o problema é que ele não deleta definitivamente, deixando o reprimido em estado latente, pronto e prestes a ser recuperado.

legado

A sua grande contribuição e legado ao mundo é ser você! O privilégio de existir é sagrado. O número de possibilidades ainda não concretizadas de nascimento é exponencialmente maior do que aqueles e aquelas que de fato nasceram e nascerão neste mundo. Nascer é uma loteria, e cada um dos que existem são um patrimônio cósmico. Execute suas potencialidades e dons, e transforme o mundo pela ocupação do seu espaço e quinhão. Não tente ser nada mirabolante ou extraordinário; apenas você é a contribuição esperada de sua própria criação. Perto da gratidão de poder ser quem você é, não há nada de tão mais excitante ou valoroso para se fazer por aqui. Saia do armário, da armadura e da armação contra si. Invista-se!

leveza

Está aí a receita! Simplifique primeiro e, só então, adicione o condimento da leveza. Costumamos confundir a leveza com o prato principal, quando ela é apenas um tempero! Primeiro, é preciso alcançar a simplicidade para, depois, acrescentarem-se condimentos tais como a graça ou a leveza. O simples é uma unidade elementar sem encadeamentos ou trançados. O complexo, por sua vez, contém entrelaçamentos (plexos) onde o simples é "implexo", íntegro e inteiro. Confundimos, ainda, o simples com o singelo: o simples é despretensioso e despojado; sua natureza vai bem com a perda de peso, deflagrando condições para a levitação e a leveza – de modo que sem o primeiro não é possível o segundo.

liberdade

O autorrespeito nos leva à autodisciplina. O respeito é uma atenção ou, até, uma estima. Quando se volta para si, ele se manifesta em autodisciplina. Contraintuitivamente, a disciplina faz a vida mais leve, sendo o recurso mais eficaz para ser livre. Sem disciplina, há uma aparente liberdade imediata que, no entanto, é consecutivamente confiscada. Por sua vez, a autodisciplina leva a pessoa a fazer o que deve ser feito e, agindo assim, o resultado é que essa pessoa demonstra consideração para consigo mesma. O relapso e o negligente, ao contrário, vão se degradando e perdendo o autorrespeito – porque a omissão não libera; ela, na verdade, acumula e entulha a vida. Portanto, prioridades implicam cuidar de si e atender a demandas pessoais que resultam em autoconhecimento. Aproprie-se de sua vida pela disciplina; ela não é uma restrição, mas a organização da sua liberdade.

libertário

O que é libertário é sempre percebido como um mal. E como ser diferente, se o libertário, via de regra, implica em algum grau de anarquia e de desordem? Então, quando você estiver diante do dilema de ter que fazer uma escolha entre dois males, não abra mão das suas qualidades libertárias escolhendo o mal maior, ou seja, o conhecido e o já desbravado! Permaneça pioneiro e ofereça-se a licença máxima. Porque o que é novo tem poder de redimir tanto quanto o que é livre. E o livre, conjugado ao novo, é em si a experiência erótica, o acesso à alma!

licença

É impressionante como, quanto mais nos liberamos e nos soltamos, mais incomodadas as pessoas ficam e buscam nos constranger! A liberdade do outro incomoda porque relembra tudo aquilo que foi abandonado em favor dos vários acordos firmados em torno da família, da tradição e da propriedade. O lema "viva e deixe viver" não funciona tão bem porque muitos, por medo, não querem viver e, logo, não deixam viver! Há uma implicação aí, pois "deixar viver" obriga que você viva. O mais nefasto, portanto, é que a razão de uma pessoa não deixar a outra viver é que ela mesma não quer viver! – como alguém que, se afogando, é capaz de afogar aquele que vem lhe oferecer salvação. Surge então o paradoxo de que, para ser livre, você tem que negociar a sua liberdade com o outro (não por respeito a um possível direito do outro, mas porque o outro não tolera a sua liberdade). Parece baixo e mesquinho, mas, ainda assim, demanda negociação. Ser livre é heroico!

limites

Os limites não existem até que nós os tenhamos expandido para que se definam como limites. Aquilo que nos interpõe e nos inibe nunca deve ser aceito na primeira resistência que nos é imposta; mesmo porque a demarcação desse limite está sempre além do que inicialmente havíamos imaginado – tal como um atleta que vê em um recorde apenas uma marca a ser batida, ou seja: seu recorde nunca é o limite, mas tão somente o começo do estímulo, o ponto de expansão! Assim, o conceito de limite como ponto de partida (e não de chegada) modifica a nossa experiência de vida. Isso porque, ao nos depararmos com um obstáculo, não o aceitamos até que o tenhamos testado muitas vezes para que, só então, ele se constitua como um limite. Nesse contexto, é sempre importante notar que você não sabe o seu limite e que, somente testando-o, ele se fará de fato conhecido. Não se limite pelo limite, mas conheça o seu próprio, pois apenas a experiência pode demarcá-lo!

linguagem

Nossa sensação é a de que as palavras nos pertencem e de que a comunicação é um recurso que está sempre ao nosso serviço. No entanto, pensadores como Martin Buber afirmam que nós é que estamos imersos na linguagem, e não o contrário. De fato, é a linguagem que expande a função do intelecto, oferecendo-nos um oceano semântico do qual engolimos letras e palavras para formar nossas sentenças. E nós sentenciamos nosso pensamento e nossa fala com escolhas e significados específicos. Em outras palavras, a linguagem é uma matriz-matrix, um ambiente a que as palavras se pertencem umas às outras. É por isso que escrever nos revela e nos mostra o que de nós não conhecíamos!

literalidade

As pessoas têm grande dificuldade de abandonar a literalidade. Sempre associam o não literal à inverdade e ao disparate. O literal é um bom recurso para descrever o visível, mas é um obstáculo quando se trata do invisível. Assim sendo, tudo o que é da esfera do simbólico ou do espiritual não pode ser tomado literalmente. A educação, nesse contexto, possui um papel importante para se poder falar simbolicamente. Porque o factual só é representado pelo literal quando se está no campo do visível; mas quando se trata do invisível, a única forma de comunicar o factual é por intermédio do simbólico! Primeiro é preciso acordar para o invisível; só então se poderá despertar para o simbolismo.

livrar

Se pudéssemos nos livrar de nós mesmos como um ponto de partida para qualquer reflexão, ajudaria muito! Porque o ato de refletir tem essa imperfeição: se ele começar com você, fatalmente a imagem espelhada terá um falso protagonismo. Por isso precisamos fazer um *photoshop* deste quadro e dele nos retirar, para que o próprio mundo aí se reflita, e para que só em sua estampa estejamos incluídos. Se não fizermos isso, o mundo se torna um fundo que apenas nos emoldura. Mas as coisas não são assim! É que o mundo é de fato real; nós é que saímos distorcidos nesta realidade retocada. Não por acaso, nos perdemos com tanta frequência: procuramos o mundo em nós, quando somos nós que estamos nele... E vivemos, como num vídeo, saltando sobre um relevo imaginário – porém, o chão é plano e a realidade alinhada.

localizar

Generalizações são, por definição, inexatas e preconceituosas, mas parece mais comum às mulheres saberem onde as coisas estão! No humor e na ironia, as generalizações têm um valor chistoso e perspicaz. O eixo dos homens e o das mulheres (e o de todas as identidades de gênero, talvez!) é distinto. Um roda assim e outro roda assado! De Marte, os homens têm um senso de orientação externa. De Vênus, as mulheres têm o dom de saber onde as "coisas" estão. O homem é um ser dos mapas, e sua bússola racional joga pedrinhas por qualquer caminho que passe. Ele acha graça da desorientação geográfica da mulher, que lhe parece "sem noção". Ao mesmo tempo, a precariedade de não saber onde as coisas estão diz respeito também às suas emoções e prioridades. E a mulher estranha muito essa desorientação e desorganização emocional. Assim, é comum que um se perca na rua e o outro de si mesmo.

longe

Uma das coisas mais difíceis de gerir é saber se queremos ir mais rápido ou mais longe. Mais longe parece ser sempre superior e mais nobre, mas não é assim. Há situações em que a rapidez é a virtude. Sabemos muito bem disso em um jogo de canastra. Às vezes, a estratégia de bater rápido pode suplantar a de comprar muitas cartas e ampliar os ganhos. Questão de táticas e estratégias. As táticas são ações específicas e podem ser mais eficazes se as executarmos sozinhos. Já as estratégias (que consistem em planos a prazos maiores) exigem, em geral, que se vá acompanhado. O conhecido ditado "é devagar que se vai longe" maximiza isso, conjugando ações relativas à rapidez com a questão da longitude. O que não devemos fazer é tentar ir longe sozinhos, nem rápido em grupo!

longevidade (1)

Várias formas de sabedoria propõem que se viva como se não houvesse amanhã. Vou acompanhar Marx, que diz pretender viver para sempre ou morrer tentando. Certa vez, perguntei a um senhor de quase cem anos qual era o segredo de sua longevidade. Ele me confidenciou que ainda investia a prazo por períodos de dez ou mais anos de financiamento, e completou dizendo que os filhos achavam que ele estava ficando senil. Ele arrematou: "Não estou não. Eu continuo fazendo planos, porque essa é a minha função. Quando Deus quiser me levar, essa é a função dEle!"

longevidade (2)

Talvez o maior imbróglio de nosso tempo seja a longevidade. Quantidade não implica qualidade; na verdade, frequentemente resulta em perda de qualidade! O que comunica quantidade e qualidade, tornando-as uma soma-zero (quando o ganho de uma representa a perda da outra), está relacionado à sua natureza. A qualidade é avaliada por valores externos a ela, enquanto que a quantidade é um valor em si. Cautela é recomendada porque, apesar de não serem antagônicas, elas não costumam ser boas parceiras! E sim: o dia de hoje, hoje, tem mais qualidade do que o dia de amanhã, hoje! Não acumule o hoje para amanhã!

loucura

As pequenas loucuras são expressões de sanidade. E, como somos todos um pouco loucos, nem sequer notamos essa nossa condição. Há pessoas que andam com fones e telefones enquanto vagam pelas ruas; outras pulam de assunto em assunto em suas telas, em meio a gente andando fantasiada para o *Halloween* ou a *cosplayers* indo para uma convenção de mangás. Se você olhar ao redor, há muita loucura normatizada e bizarria padronizada. Porém, se elas te mantêm são, então aproveite! A única questão é que não há qualquer referência ou alguém habilitado para atestar a sua lucidez... A individualidade é o álibi, e a idiossincrasia e a excentricidade são a permissão. Desde sempre, a sanidade é relativa!

lucidez

Essa é a mais vertiginosa lucidez: nossa conexão com a consciência não está fora, mas dentro. O mundo e suas coisas são sempre inacessíveis se não forem experimentados por via de si mesmo. Vivemos, ao contrário, buscando sempre a materialidade no mundo, quando ele está em nós. Existir não acontece apegando-se às coisas ou apertando-as, mas se entregando a si... experiência que chamamos de "acordar". Seu dia não começa entrando no mundo, mas em você! Boa "revisita"!

lúdico

Não se trata de fazer pouco do sentimento de solidão que é endêmico num mundo de telas e frívolos estímulos... Porém, precisamos fazer de nós mesmos pessoas mais divertidas, espirituosas e festivas, porque senão o nosso tédio pode ter como causa a "má autocompanhia". A prática de usar o imaginário, de ser criativo e de aprender os prazeres da solitude é essencial para se viver uma existência inteira consigo mesmo. Não é só a vida em casal – ou em casamentos – que pode se tornar repetitiva ou sem intimidade. A vida própria também pode padecer dos mesmos males. Renovar suas atividades, surpreender a si mesmo, dar-se presentes e ser mais íntimo de si próprio são boas recomendações para salvar sua relação consigo mesmo. Até porque este é o único matrimônio garantido "até que a morte os separe!".

M

mãe (1)

Nenhum tempo é tão misterioso quanto o futuro! O passado foi colhido, o presente se semeia, mas o futuro é um fruto ainda inacessível. As mães, no entanto, tocam o futuro por um cordão umbilical que perpassa possibilidades e viabilidades. Seu afeto incuba o porvir – matriz de todo o destino –, que ela amamenta até que possa seguir por meios próprios. Seu olhar, no entanto, nunca deixa de cuidar, acompanhando também o encontro com o útero com que compartilhará netos e serventia. Ser mãe é trazer no ventre um amor que não é emocional, mas existencial. Para sempre buscaremos seu olhar e sua proteção. Para os que as têm: alimento e peito eternos! Para os que não as têm... ah! uma sede infinita!

mãe (2)

Mãe é metafísico. É um vínculo; portanto, é imaterial. Neste primeiro ano de existência sem ela fisicamente ao meu lado, sua verdadeira natureza apresenta-se a mim: "meta", que do grego original quer dizer "além"! Mãe é elo, é além. Sua presença é agora testada como uma bruma sempre a me acompanhar a distância. Não faz falta à autonomia física na qual me iniciou, mas faz presença nesse além que sempre foi. Mãe é sombra que protege, vento que refresca, fragrância que resgata. Eterno alguém, além, amém!

mãe (3)

Mãe não é um substantivo que denota substância; mãe é um processo feito de feitos e ações do coração. O afeto não é realizado por essências, mas por estados, por disposições de alguém em dado momento. A construção deste verbo de atuações vai desde o útero até o momento em que sua mão nos libera para seguir a vida com autonomia. E não existem gradações para mães. A única mãe imperfeita é aquela que não queria ser mãe. No mais, todas as mães não são nem boas nem maravilhosas, são a "minha mãe". Nenhum ser humano é perfeito, e as mães não são julgadas por faltas ou limitações. Como não são um substantivo, essas gradações não correspondem e não se adequam. Em sua condição de verbo, o seu esforço, devoção e amor as tornam únicas e incomparáveis!

mal-estar

O mal-estar é uma função da distração. Não se trata da distração que é uma recreação, mas da interrupção que aliena. Em geral, a distração é a maquinação de vontades preteridas. A consciência arbitra escolhas que não têm mando absoluto depois de tomadas. E algumas escolhas desprezadas continuam a fazer oposição e logram retardar ou procrastinar projetos. Às vezes são medos, às vezes são sabotagens que, por outras motivações, reagem com subterfúgios a seu intento. O problema é que as distrações são compostas também por desejos que conseguem se camuflar como iniciativas legítimas de nós mesmos. A distração nos debilita e boa parte do mal-estar humano, e até da depressão, está associada a excessos dela. Ser puxado em várias direções nos dá a sensação de andar a esmo, sem rumo.

malícia

A verdade é muito difícil de se estabelecer. A malícia, no entanto, é bem mais evidente. Não é preciso um detector de mentiras para perceber a expressão facial, corporal e articulada diante de uma dissimulação ou fraude. Álibis e explicações costumam revelar o contraventor porque, ao contrário dele, alguém que é inocente não está preparado para detalhar sua rotina, nem esta é talhada para despistar o crime. Ninguém conhece melhor os truques humanos do que o próprio humano. Por isso é difícil viver em sociedade, já que a malícia corre solta debaixo dos olhos de todos, enquanto a verdade é tímida e rara. A defesa é sempre reativa. Quando ela é proativa, eis aí o incriminado!

materialidade

A materialidade é para nós uma crise de identidade porque não somos apenas matéria. A organização da vida, mesmo sem contar com o elemento cognitivo da inteligência humana, já é suficiente para distinguir um ser vivo da matéria. Os elementos têm propriedades que não compreendem as faculdades de um organismo. O comprometimento sistêmico com a vida produz uma nova natureza de propósito e um novo pacto que transcendem a física e a química dos materiais. Evidentemente, a vida não contradiz essas duas características da matéria, mas vai além. Um indivíduo cujos valores o levam a uma regressão à condição de identificação plena com a matéria sofre de profunda crise identitária.

maternidade

A maternidade não é uma função, é um sacerdócio! E assim como casar demanda nubilidade – a paixão por construir em parceria –, a maternidade demanda a paixão pela entrega. Não deve se casar ou ter filhos quem não tem essa inclinação. Claro que, por si só, ter tal paixão não resolve o dia a dia – que é quando os custos desses sacerdócios (ofícios em torno do sagrado) se apresentam. Momentos de insanidade virão porque, em ambos os casos, surge a anulação de si, que deveria ser vivida como a entrega de si. Mas tudo bem, somos todos humanos! Quando não aguentar mais e estiver diante da insanidade, cabe sempre um bom chilique ou um bom coice!

maravilhamento

Fazemos pouco da admiração. Admirar é uma forma de estimar e de analisar. Ela não se dá apenas pelo intelecto; pelo contrário, é uma dessas raras parcerias que se firmam entre razão e emoção. Como uma faculdade, ficamos fascinados por essa sensibilidade que percebe magnitudes e grandezas, mais do que detalhes; proporções e surpresas, mais do que dados e elementos. Essa apreciação não é um saber, apesar de conter discernimento em forma de senso e de instinto. A espiritualidade deveria viver mais do maravilhamento do que do exotérico; mais do assombro do que da assombração; mais do encanto do que da mágica! Daí a grandeza da palavra máxima da admiração que é "Haleluia". Do hebraico, ela conclama a dar "admiração" ou "consideração" (Halel) a "YA" (Deus). Reconhecimentos que não são saberes, mas que fazem toda a diferença!

matar

Nenhuma causa justifica matar. Não apenas pelo fato de que a violência torna o justo injusto, mas porque uma causa é apenas um pensamento e uma percepção. Visões mudam em seu encontro com outras ideias e realidades. A escuta pode transformar qualquer certeza, sempre! A morte, porém, é definitiva, e matar é a mais derradeira forma da intolerância; é o ato irreversível de quem tem certeza absoluta. E quem tem certeza absoluta é um bárbaro, um agente da barbárie. Aquele que é vítima, por sua vez, leva consigo a chave – única e irreproduzível – da civilidade e da humanidade de seu algoz. O assassino nunca mais conhecerá outra possível escuta, e sua vítima também jamais o escutará. Essa é a suprema maldição da ignorância – a de uma pessoa enclausurada e refém de sua certeza.

maturidade

A maturidade nos liberta de tal forma que, em alguns aspectos, nos sentimos mais joviais do que éramos vinte anos atrás. A insegurança e a tentativa de seguir padrões nos rouba jovialidade; querer agradar e se afirmar nos torna duros e sem molejo. As pancadas que a vida nos dá, no entanto, são como uma massagem que solta muito do que está preso em nós. E saímos desse spa da existência aliviados das posturas forçadas e falseadas que roubam espontaneidade. É interessante que a naturalidade e a autenticidade, tão presentes na infância, não se apresentam na juventude. Há o viço, mas não há o desafetado e o livre. Por isso, certezas e modelos são tão reverenciados pelos jovens; eles seguem outros com viço, mas não possuem a autonomia necessária para reproduzir a franqueza da infância. A maturidade, ou mesmo a velhice, permite esse resgate. Essa liberdade é uma das surpresas do amadurecimento.

meios

Os meios são conectores e, se você tiver um propósito verdadeiro, eles, os expedientes, se apresentarão. A grande diferença está na distinção entre desejo e propósito. O desejo é um fim e, em sua vontade de cortar caminho para chegar ao término, nele os meios não se apresentam. Já o propósito é um início; um início que aponta para um fim e, nesse caso, as possibilidades de meios se mostram infinitas. É que o propósito sonha com o caminho e não com a chegada, ele se entrega ao processo no lugar da recompensa. Nesse sentido, os meios e o processo de crescimento têm similaridades, pois ambos estão atrelados a um desenvolvimento, a um avanço. A gratificação como um consumo e como um favor, por sua vez, não conhece o prazer de vencer. Você já deve ter conhecido essa força... a de quando aponta numa marcha e sai colhendo subsídios pelo caminho! É a força, que está toda voltada para cada passo e para cada etapa do caminho – que é exatamente de onde vem o torque que vai permitir a chegada.

melhor (1)

É tão simples e tão leve quanto isso: a cada dia estamos melhores e melhores. E por que não seria assim? Mesmo que tenhamos cometido equívocos, mesmo que tenhamos decepcionado a nós mesmos, hoje você é também a soma dessas experiências. Portanto, você é mais porque a experiência do ser humano é sempre uma soma. Nossa qualidade crítica se empodera a cada exposição, e cada evento a mais em nossas vidas nos engrandece. Temos que começar a semana flutuando nesse presente constante de sermos melhores e melhores. Eu sei que o mundo parece pior e pior... não é verdade. Nunca foi tão bom ser humano como hoje! Repito: se você está mais consciente dos erros e das iniquidades desse mundo... você está melhor e melhor. E assim vamos! Por isso, viver é tão espetacular.

melhor (2)

As melhores coisas da vida não são coisas, porque os superlativos não qualificam o que é objetivo, unicamente o que é subjetivo. O "melhor" não existe na natureza a não ser por uma experiência que explora e degusta. Para os objetos, existe o "perfeito", o "ótimo" e o "excepcional". Porém, nunca o "melhor", já que esta é uma apreciação subjetiva relacional. Só alguém, e não algo, pode expressar o que é melhor – já que o "melhor" é eletivo e comparativo. No amor, por exemplo, este é o adjetivo mais comum e presente. Quando nos apaixonamos, vivenciamos o "melhor", que é infinito, incomparável a tudo que possa ser semelhante. Como seria possível fazer isso com coisas ou objetos? A objetividade de suas qualidades jamais permitiria tal avaliação. O coração, no entanto, diferente da mente, sabe ver o "melhor" e sua degustação suprema! O sumo e o máximo são sempre relacionais e internos. O universo externo não conhece e não pode apreciar jamais o "melhor".

mente

A junção entre o viver contemplativo da mente e o viver experiencial do corpo não é para amadores. Começamos com um corpo; a mente vai ganhando espaço com o passar do tempo. Confiamos na mente até descobrir que ela mente... mas não com mentiras, e sim com artificialidades. Então amadurecemos, recompondo espaços para o corpo. Porém, com o envelhecer, ficamos saudosos de ser a nossa mente... Porque o corpo também ludibria e desvanece, de modo que a mente parece ser o nosso porto seguro de uma primavera blindada. Esse refúgio da teoria, da ideia e do pensamento, se mostra até mais representativo de nós mesmos do que o próprio corpo e sua prática. É na senilidade e na demência, mais do que na falência do corpo, que a nossa alma evapora. Nascemos corpo, mas morremos ideias. A vida, por sua vez, é a distensão entre a teoria e a prática que nos encarna.

mentira

O que torna a verdade tão incômoda? Em geral, é o investimento que fazemos na mentira. Constantemente realizamos parcerias com a mentira na sua forma mais comum: a pessoalidade. Tornamos tudo pessoal e passamos a torcer por uma verdade. Porém, incentivar ou estimular uma verdade é justamente contaminá-la e deformá-la em uma mentira. É que pensamos que o impessoal é contra nós, ou que ele nos tira o protagonismo. Por exemplo: se alguém me chama de mentiroso, fico chateado exatamente porque torno a questão pessoal. Se, ao contrário, não levasse para esse lado e dissesse para mim mesmo "vai que sou mesmo... porque somos todos um pouco mentirosos", de imediato a verdade deixaria de ser dolorosa e ofereceria oportunidades de aprimoramento.

mestre

O último engano que cometemos é o nosso maior mestre, não só pelo fato de que os equívocos ensinam muito mais do que os sucessos, mas porque ele foi o último mesmo. Ou seja, ainda está novo, recente, e expõe todo o processo do que é se equivocar – sobretudo quando você está convencido de que estava certo ou de que estava suficientemente atento; estão ainda vivos em sua memória e em seu constrangimento todos os detalhes e circunstâncias de sua própria imprecisão e propensão ao erro. Verdade, é claro, que todos erram, mas o esperto aprende com seus erros. E o sábio... o sábio, além de aprender com o erro, calibra ainda a sua altivez e a sua soberba!

milagres

Não há milagres nas segundas-feiras, não por deficiência, mas por natureza. É que segunda é tempo de realidade, do espetáculo do fato, do prático e direto. No texto bíblico da Criação, depois de todos os dias criados Deus conclui com a frase: "E viu que era bom!" Menos, é claro, na segunda-feira! Porém, que não se leia aqui demérito ou desprestígio! Muito pelo contrário! O real é o lugar mais milagroso de todos; é onde tudo é milagre, indistintamente assombroso. É essa qualidade extraordinária do ordinário que impede a existência do incomum e do exótico. O engate com o restante da semana tem o tranco de junções entre trilhos. É tudo uma mesma caminhada...

para decidir, para continuar, para recalcar, para considerar… Fogata de amor!

misoginia

A frase mestra que legitimava a mulher como personagem coadjuvante na sociedade era a de que "por trás de um grande homem havia sempre uma grande mulher". Esse era o maior reconhecimento da contribuição feminina, ou seja, a de secretariar seu homem na tarefa de excelência! A verdade, porém, é que a maioria dos homens não amadurece plenamente e permanece subjugada à figura materna. Já repararam que um homem adulto, mesmo bem-sucedido, se sente inadequado e constrangido diante de sua mãe? Essa humildade é o eterno protagonismo maternal, que só encontra rival no protagonismo material masculino. Quando um homem é realmente grande, o que há por trás não é uma grande mulher, mas uma mulher surpresa!

miudeza

As coisas miúdas é que encantam, enquanto que as graúdas… elas assombram! São dois movimentos muito diferentes. As miúdas instigam a nós mesmos, internamente, ao passo que as graúdas ratificam o mundo exterior. Por isso, há milagres que assombram quando acontecem do lado externo, e milagres que encantam quando vertem de dentro d'alma. As miudezas são memórias, sons, fragrâncias, detalhes e pausas… são coisas cruas e elementares que engancham em nossas saudades e nostalgias; fazem também emergir partes longínquas de nós mesmos, partes não mais lembradas, partes adormecidas e latentes que nos revigoram. O delicado, o quase imperceptível, é avassalador!

modelo

A educação é alcançada na junção entre a vulnerabilidade e o modelo. A vulnerabilidade é um estado de flexibilidade, uma carência potente que nos torna receptivos. O modelo, por sua vez, é a encarnação de um padrão ou de uma virtude plenamente integrados à conduta do mentor. Para que ambas as condições se constituam, é preciso confiança – que é a catalisadora disso tudo. É ela que conecta a fragilidade, ou a disposição para ser um aprendiz, à crença na probidade das intenções e do comportamento do outro, do instrutor. Nada é mais importante para uma criança do que o estabelecimento de entidades de confiança. Aliás, não é a razão que socializa uma criança, mas a confiança. Retidão e lealdade estabelecem a confiança que, por sua vez, produz modelos e permite vulnerabilidades.

moléstia

Às vezes precisamos ficar doentes para nos sentirmos melhor. Essa doença é uma disfuncionalidade salubre que tem a função de recompor ciclos em nossas vidas. As crianças que alegam estar "doentes" podem ser sensíveis a isso; e o que tratamos como malandragem ou travessura pode ser a simples sensação de que se precisa ficar doente para se sentir melhor. Assim como dormimos para recompor energias, existem doenças sistêmicas que fazem um *reboot*, um reinício no sistema imunológico e existencial. Semelhante a um computador que começa a ficar pesado e lerdo, esse *reboot* da enfermidade salutar pode deixar você renovado e zerado de patógenos, ou mesmo de *"malware"* – advindo de *softwares* maliciosos – que invadem o nosso sistema. Essas doenças funcionais são como uma canja espiritual, e é importante estar atento para declarar ao mundo que: hoje não, hoje estou doente!

momento (1)

O momento é um espaço, um espaço de tempo. Todo espaço é uma extensão cuja competência é a possibilidade de ser ocupada. Não é um nada, mas um vazio em oposição ao nada. No espaço nunca há nada, ou não seria um espaço. Mesmo o vácuo não é um nada, mas um espaço quase vazio. Então, o tempo nunca é composto de nada. Ele se preencherá mesmo que seja de quase nada. Se você não o ocupa e o define, ele por compleição se define e se ocupa; sua potência de ser preenchido sempre se manifesta. A questão é saber se você está nele ou se ele se preenche a despeito de você. A escolha, portanto, não é se ele acontece, mas se você está nele ou não!

momento (2)

O momento é uma interseção entre você e o mundo. Nele, portanto, há essas duas coordenadas constantes, razão pela qual o momento se registra dentro (você) e fora (mundo), num compromisso entre duas histórias. Por isso é que o fato é sempre uma aproximação que, se questionado, não pode ser elucidado sem interpretação. Interpretar é a diplomacia que permite alguma objetividade. Não seja tão exigente esperando o definitivo e o taxativo.

morte (1)

Só existe a vida... A morte não nos diz respeito. A morte é apenas uma medida da vida: quando nos projetamos em direção ao futuro pelo sonho, a vida deveria ser para sempre, imortal; em contrapartida, quando a utilizamos para viver, é como se não houvesse futuro. Em nossos projetos, não há morte porque a finalidade já é um fim, ou seja, nela não cabe outro fim. Já o agora, em sua inadmissibilidade de outro momento que venha se interpor a ele, se torna tão infinito que a morte se faz sua fronteira. Em suma, o sonho estica tão radicalmente a vida que ela ultrapassa a morte; e o agora é tão grande que sua única divisa possível é com a morte. O mais importante é que não nos preocupemos, pois a morte nunca entra na vida; é a vida que entra na morte. Um é o caminho, o outro é apenas a sua divisa.

morte (2)

A vida e a morte são entrelaçadas como vasos comunicantes: quanto mais se vive, menos se morre! A morte não existe isoladamente, ela é meramente a ausência da vida e, como nós a imaginamos, ela é até mais dinâmica, assemelhando-se ao próprio uso da vida. Quanto menos usamos a vida, maior a morte nos parece; quando, ao contrário, a utilizamos até o "sabugo", ela decresce a uma mera linha limítrofe. Uma vida vivida integralmente torna então a morte inexistente e faz da eternidade um mérito dos que, ao extinguir a morte, se fizeram eternos pela vida vivida.

morte (3)

A melhor definição de morte é a de que ela seja um reflexo. A morte não existe, sendo apenas a imagem invertida e espelhada da vida. O valor que damos à vida é reconhecido por este reverso, que é representado pela percepção de se perder tudo de uma só vez. É similar ao desejo, que também se percebe pela falta e não pelo atendimento. Tudo o que preenche no mundo físico produz sombras de vazio; e a morte só é tão imensa por causa da grandeza da vida. Na morte não há uma essência, tão somente uma falta. Quanto maior a vida, maior a morte. Mas não se atormente com essa miragem: seu breu não tem "escuro próprio", ele é apenas a sombra da estatura e da realização de sua vida – esta sim é que possui essência. Viver é translúcido porque é real, e também pelo obstáculo que faz ao nada!

motivação

Só existem duas categorias motivacionais para a vida: o medo e o amor, razão pela qual a mensagem espiritual é sempre "não tema". Só desativando o gatilho do medo – a instrução maior de sobrevivência – é que pode o amor aflorar. O medo não é o contrário do amor, mas ocupa o lugar da motivação e não dá espaço para que o amor seja o estímulo. As motivações, tal como as emoções, não permitem sobreposição – elas são excludentes. É verdade que costumamos descrever nossas ambivalências como sendo duas emoções ou motivações. No entanto, não é assim. É o nosso intelecto que interfere e produz a ambiguidade, mas a emoção e a motivação continuam inalteradas. Não tente interferir por pensamento em suas motivações, não dá certo. Tente fomentar o amor, assim o medo não terá espaço. Se fizer o contrário, o efeito será inverso!

mudar

Mudar é um processo constante; sabemos muito bem disso olhando os nossos espelhos. Os humanos têm uma relação identitária com a mudança e precisam se apropriar dela antes que ela nos gere estranheza, bem como o desconforto de uma imposição. Mudar com a mudança nos faz acompanhar a onda, surfá-la, ao invés de sermos engolfados por ela. Externamente, não faz a menor diferença, pois é internamente que nos lastreamos na inconstância sucessiva do tempo. A mudança não admite escolhas – salvo a escolha entre surfá-la (a única decisão de fato possível) ou tomar um caldo! É comum as pessoas confundirem mudança com evolução. A evolução é um processo de interações e escolhas que produzem transformações. As mudanças, por sua vez, são inexoráveis. Mesmo assim, dialogam com a autonomia humana, e podemos sempre decidir entre fluir ou ser arrastados.

musculatura

As ideias são a musculatura mental, a massa magra do cérebro. Já os pensamentos são a massa gorda, as adiposidades acumuladas em raciocínios pensados anteriormente e armazenadas para servir como combustível intelectual. Nossa saúde depende da musculatura da renovação de ideias que, por sua vez, se dá mediante a prática de muitas ideias. Se ficamos apenas com a gordura dos pensamentos passados, estocados, corremos o risco de obesidade cognitiva e, até, de um enfarte intelectual! E o antioxidante principal para impedir a degeneração e o envelhecimento mental é a criatividade. Então, cuide para que haja sempre em você um mínimo de pensamentos acumulados e, ao mesmo tempo, muitas ideias para aumentar o tamanho das suas fibras musculares mentais!

música

A música provém da simpatia. Sempre que recebemos ou ofertamos simpatia, uma música toca! Essa trilha sonora vem do aconchego de sentirmos isso e, também, de nos sentirmos queridos. Essa inclusão no Universo gera uma toada de pertencimento que musica a experiência. E é de lá, deste manancial, que os músicos vão buscar inspiração. É pelo afeto dessa inclusão – ou pela amargura de sua ausência – que as músicas soam. Busque essa sintonia, e sua vida, ou até mesmo a segunda-feira, vai ficar melodiosa!

N

nada

O nada é o antes da arte; é o antes da escolha. Tememos o nada porque ele se parece com o vazio imaginário, como uma falta absoluta. No entanto, o nada é um ponto de inflexão fundamental. Se você não passar pelo nada, provavelmente não conseguirá ser criativo. As crianças conhecem o nada da experiência constante de se esvaziar. Uma noite de sono, ou apenas uma nova atenção, e elas zeram e se renovam. Não há começo sem o nada. Há nele, até, uma vibração ou uma sonoridade de Havaí, de Polinésia. É o som do longe e do despretensioso, do ilhado de todas as outras terras por onde já pisamos. O nada é a semente do novo e a origem de tudo!

namorar

Namorar é sobre cortejar e encantar. E, apesar do estereótipo de que se deveria agradar e cativar desde o primeiro momento, o namoro, mais profundamente, é sempre sobre intimidade. Se soubermos ganhar essa intimidade, a pessoa não se importará com falhas, limitações ou barreiras que tenhamos. Quem se importa, não importa. Porque não se trata da avaliação de predicados, e sim de afetos. E se for meramente uma questão de predicados, seja de beleza ou de inteligência, basta mudar sua opinião acerca desses atributos, ou encontrar alguém com melhores – e a relação, é claro, não se sustenta. Quem se importa demais – não importa! Parece um paradoxo, mas o afeto "não se importa"; ele é pertinente justamente porque é você que importa.

namoro

Todo amor é uma amizade que incendiou! Isso coloca todas as amizades em cheque e sob suspeita. Diria Nelson Rodrigues que somos hipócritas ao achar que podemos nos blindar com uma relação afetiva controlada. Uma amizade pode pegar fogo a qualquer momento, e todo amor começa com características de amizade. O ser humano não controla seus sentimentos; ele até os evita se essa for a sua escolha, mas a potência combustível do amor não pode ser anulada! As opções para não desafiar a mãe natureza são: evitar intimidades incendiáveis, mantê-las platonicamente a fogo baixo, ou render-se à propriedade combustível do amor.

narcisismo

A conversa entre o "eu" e o "mim" não é um monólogo. É o mais incrível diálogo que existe. Não é uma conversa entre um anjinho e um demoniozinho – um de cada lado. Essa conversa não é sobre dois quereres, mas sobre um único querer. O que a polariza a ponto de caracterizar um diálogo é a natureza das opiniões: uma se justifica para o mundo, a outra para si. Dessa negociação com um mesmo querer vêm os desejos, sempre gêmeos, de viver e de se representar. É que apenas viver não me legitima, e me imaginar também não: é preciso parceria, e esses sócios – um responsável pelo produto e o outro pelo comercial – têm que aprender a empreender juntos. E todo o esforço para não falir é meritório! Nada mais duro do que uma concordata, seja porque não se soube fazer um conteúdo bom, seja porque não se soube apresentá-lo. No barzinho da intimidade, blues ao fundo, a vida requer encontros e reuniões!

narrativa

Existe a opinião "com certeza" e a opinião "sem certeza". A primeira é uma verdade com "v" minúsculo, uma verdade pessoal, customizada. Restrita, ela serve apenas para ocupar e colonizar. Já a tão importante convicção que nos engaja, não permitindo que nos tornemos indiferentes, é permeável à razoabilidade e busca o diálogo e a conversa. Nesse segundo caso, só interagem aqueles que sabem que não sabem... Porque os que não sabem que não sabem são os mais ignorantes: sua opinião agride não por afirmação, mas por desprezo; não por discórdia, mas por intrusão. Os que sabem que não sabem, ao contrário, podem ser assertivos sem desprezar e desrespeitar aqueles que pensam diferente!

natureza

Tratamos a natureza como se ela fosse um caos a ser domesticado, por isso a qualificamos como selvagem. A sustentabilidade é a arte do cuidado; e a natureza cuida, enquanto nós perdemos essa capacidade e nos defrontamos com as consequências graves da nossa selvageria. A tradição europeia cunhou as florestas por "*forest*" ou "*forêt*", significando aquilo que está fora. A floresta seria, assim, o inóspito fora do espaço civilizado e organizado pelo humano. Em português, podemos nos vangloriar de termos inserido um "l" à palavra, o que faz da nossa floresta não uma exterioridade, mas um florescer, uma prosperidade de vida e de diversidade. Parte importante da ação de revertermos a ampulheta da nossa autodestruição, certamente, é deixarmos de nos perceber como dissociados da natureza e da vida. Olhe para ela com os olhos do respeito; perceba sua dança, sua orquestração, e orgulhe-se de ser parte dela!

navegar

É difícil aceitar que o saber possa ser um impedimento à sabedoria. Certo dia, ouvi de Amyr Klink que alta tecnologia não necessariamente significa sofisticação... É o caso deste aparelho celular de cujo funcionamento não tenho o menor entendimento. Quanto menos entendo, portanto, mais baixa é a tecnologia – e não sofisticada! Não tenho a menor capacidade de fazer qualquer reparo nesse apetrecho, porque apenas sei coisas sobre ele, mas pouco as entendo. Este é um aspecto muito perverso do mundo moderno: sabemos cada vez mais e entendemos cada vez menos. A informação oblitera a sensatez porque, com ela, parece que você entende, alcança e domina – quando, na verdade, apenas aparenta ou finge fazê-lo. A informação tem, portanto, essa pinta de disfarce e de dissimulação. E um mundo que se dedica a saber mais e a entender menos é, realmente, uma representação nada sábia dos nossos tempos!

necessário

O necessário é uma categoria da ordem das prioridades. Porém, nossa percepção acerca do senso de prioridade é subjetiva, ou seja, muito do que privilegiamos é cultural ou, em certos casos, ditado pelo hábito. É maravilhoso, portanto, quando descobrimos um "novo necessário" que, antes, estava na categoria do que era desnecessário. O equilíbrio dessas descobertas é fundamental, porque coisas como o consumismo, por exemplo, derivam justamente dos "desnecessários" que se fazem necessários. Diferenciar com mais sofisticação e sensibilidade é o que nos leva a descobrir novos necessários. Do mesmo modo, a percepção acerca da superficialidade que é conspurcar a nossa vida com trivialidades é um dos aprendizados da maturidade. Então, faça bom proveito, mas fique esperto!

necessidade

A adversidade é a parteira da genialidade, porque elimina de uma só vez a procrastinação, a indecisão e o acanhamento. Um antigo ensinamento dos rabinos alertava os juízes para que estes ficassem atentos quando diante de pessoas em apuros. Porque mesmo uma pessoa simples e com pouca instrução pode ser turbinada com impressionante senso de genialidade, movida por sua necessidade. Quanto mais real o sufoco, mais perspicaz ficam as pessoas. Diferente de uma inspiração, que é como um parto natural, a necessidade produz genialidade por cesarianas ou fórceps. Talvez ela não tenha o mesmo charme da genialidade artística, mas nasce com a mesma grandeza!

noite

Por mais que a noite seja uma promessa, ela padece da mesma mácula que limita o dia: ela não é uma transição. A passagem evoca a nostalgia e a substituição, a surpresa. É o que se dá no lusco-fusco, quando a imaginação se espraia projetando na tela do transitivo e da troca tantas possibilidades. Ousaria dizer que os sonhos mais profundos, os mais libertos da realidade, acontecem não à noite, mas na madrugada. Por isso o cantar do galo é tão mágico em meio a fronteiras e texturas que se mesclam. O que se modifica tem a fragrância da vida e do propósito; o que é pleno e definido tem lá sua beleza, porém numa estética mais superficial. A transformação tem caminho e aprofunda. Madrugar é *trans* e é *inter*. Então... vá dormir mais tarde ou acorde mais cedo!

normal

Esquecemos que a palavra "normal" tem origem em "norma", e acabamos pensando que o "normal" é o natural e o habitual, associando a ele certo grau de liberdade. No entanto, o normal é um padrão, uma regra. O normal é constritivo e, nele, há o constrangimento de uma obrigação. É também estreito, e contém algo forçado – de que nem sempre nos damos conta. Então, a norma para encontrar a liberdade é justamente desfazendo o normal. Porém, nunca permita que ele seja tomado por "anormal" – quando, na realidade, for singular e invulgar. Porque tanto o insólito como o excêntrico são manifestações de liberdade. Da próxima vez que encontrar alguém que não esteja na norma, portanto, antes de simplesmente enquadrá-lo como anormal, inspire-se!

normalidade

A normalidade é mais maravilhosa do que qualquer milagre. Os milagres são arremedos, costuras e consertos para restabelecer a normalidade. Fique grato todos os dias, portanto, pelas bilhões de normalidades que se manifestam em sua vida. Não sonhe com milagres, mas com o comum, o básico e o despretensioso. Nessa categoria estão o amor, a amizade, o riso, o sono e a paz. Esses são grandes feitos, maravilhas para os artífices e os versados! Já os novatos, os neófitos da vida, sonham com colossos e assombros sobrenaturais. Loucura... como se uma pessoa saudável sonhasse com remédios! Reside, no simples e no habitual, o espetáculo da vida.

nostalgia

A nostalgia é uma saudade do futuro. Sim, há modelos e imaginários que concernem ao passado, mas há também a saudade de algo que ainda não aconteceu. Só a imaginação humana pode "imaginar sua presença!". O fato de você ainda não ser... isso é mero detalhe. Porque essa presença é bem real, e esse sentimento é para todos – mesmo para os que já têm vínculos e presenças. Da juventude, fica a nossa sede por nostalgia, e para toda a vida! Talvez isso se dê porque no imaginário, na saudade do que não foi ou nunca será, está a chave para todos os sonhos e fantasias. Para alguns, são os amantes; para outros, são as musas; e para outros, ainda, são as ninfas de lugares e memórias. Há algo de doce e de mágico na falta e na expectativa, e que não tem rival em nada conquistado.

novo

Muitas vezes queremos reinventar a roda porque isso parece ser mais fácil do que ter que "sair da caixa". O novo e o diferente são, na maioria das vezes, mais uma forma distinta de aplicação do que uma concepção primordial. A criatividade está na originalidade, e não na origem. O olhar transversal é aquele que consegue imaginar o mesmo modificado e variado. Produzir um igual dessemelhante é a admirável qualidade da engenhosidade. Acontece que, em todas as áreas propícias à resolução de problemas, sempre aparece aquela tendência de se querer reiniciar e reinventar a roda... Inovação é seguir de onde paramos, e não retroceder à ilusão de estarmos fazendo pela primeira vez aquilo que, no entanto, já foi feito.

nudez

Viver a vida é uma forma de nos desnudar. Para constituirmos o sujeito que somos, em certa medida comprometemos a nossa naturalidade – e essa estratégia, apesar de tudo, é importante para podermos registrar nossa pessoa, nossa consciência de um sujeito presente no corpo. Mas se, por um lado, esse processo é fundamental para inaugurar a nossa humanidade, por outro nos expõe ao grave perigo de vivermos a vida apenas registrando-a, em vez de vivê-la. Uma vida de *selfies* no lugar de *self*. Em outras palavras: se a medida de autoconsciência excede certos limites, ela asfixia pela pior forma de sufocamento: como num dos filmes de James Bond em que uma moça morre ao ser coberta pelo ouro – que bloqueia seus poros essenciais à respiração –, ao vivermos uma vida apenas registrada ou inventariada, acabamos nos afogando pelos poros de um corpo encerrado em si mesmo. O viver não está em nós, mas entre nós e o mundo.

nuvem

Uma nuvem é como uma sombra em três dimensões. Onde houver luz, haverá sombra; onde houver céu, haverá nuvem. Um céu de brigadeiro é uma festa, uma espécie de tempestade ao contrário. Uma nuvem pode estar obliterando parte do céu, mas não deixe de perceber o resto do firmamento. Pinte-a de imagens alegres, pois a criatividade dissipa nuvens em algodão-doce. É verdade que existem dias nublados, mas eles são passageiros. Comece a semana pintando festivamente as nuvens deixadas da semana que passou. Quem sabe essa atitude modifique as previsões climáticas para a próxima semana.

nuvens

Viver nas nuvens só é complicado se a sua agenda estiver comprometida com a terra! O imaginário e o encantamento são os melhores lugares para se habitar. Nas nuvens não existe otimismo ou pessimismo, porque o realismo se extingue; então, não há como existir esses extremos. Embevecidos e arrebatados, também não envelhecemos – porque o tempo é relativo à matéria e inócuo ao fantástico e ao fabuloso. Diria o pessimista: isso é para anjos! Porém, muitos outros habitam felizes as nuvens: as crianças, os enamorados, os agradecidos e os surpreendidos. Diria o otimista: isso é para sempre!

E "bum!" – cai puxado pelo peso da ambição. Pelo menos, cair das nuvens é menos grave do que cair do terceiro andar. O importante é não perder as asas por desilusão, para poder alçar voo novamente! Quem tem as asas quebradas não estava nas nuvens, estava no terceiro andar!

O

observar

A visão é uma festa tão impressionante de influxos e estímulos que necessita de uma segunda faculdade: o enxergar. Para tal, é preciso "acalmá-la" um pouco quanto às imagens que focaliza. "Observar" quer dizer "*ob*", "sobre", e "*servere*", isto é, cuidar ou manter seguro. O olhar não vê se não focar, a visão não percebe se não enxergar, e o enxergar não revela se não observar. Linda é a plasticidade da nossa sensibilidade que registra e depois se afasta, detém-se sobre – para então perceber e distinguir. Não apenas veja o mundo, mas observe-o!

óbvio

O óbvio pessoal é a verdade mais difícil de se enxergar. Exatamente por ser tão evidente, ele parece se mesclar com o ambiente e nós não o enxergamos – como naqueles testes em que o desenho está incrustado em outro padrão, e não o vemos até que tenhamos discernido alguns de seus contornos. Só então é que o óbvio desponta. Outro agravante é que a palavra "óbvio" não existe entre duas pessoas:

ela é uma percepção, e cada pessoa tem a sua, que é única e própria. Às vezes, achamos que nossas percepções coincidem entre si. Porém, isso é uma ilusão. Pois nada que lhe seja óbvio é óbvio da mesma maneira para o outro. Se este tem uma experiência de vida distinta da sua, o seu óbvio certamente será particular. Ainda assim, tentamos impor o nosso "óbvio", mas não conseguimos! Essa é a sua dupla maldição: o nosso próprio óbvio passa despercebido para nós; já para o outro, ele não existe. Assim sendo, o óbvio é como um cometa que raramente é visto cruzando os céus!

ócio

O ócio é maravilhoso quando é uma escolha. Ninguém fica bem com o ócio sem que ele o seja. O ser humano se sente humilhado por não fazer nada – repito: desde que não se trate de uma escolha por não fazer nada! O ócio é a pausa e a quietação. Porém, "o amanhã" não é ócio, e sim uma negação... O "amanhã" é o nunca, o dia posterior a qualquer dia. Ele representa uma insuficiência de determinação. Por isso não pare quando estiver cansado, apenas quando tiver terminado. Não é para "se matar" de se esforçar, mas para "se viver" de se esforçar! Pois é a vida que nos empurra para vivê-la. A preguiça não é uma solução, porque, em vez de sanar nossas demandas, ela apenas nos atrasa. Quem acorda tarde passa o dia a trotar, correndo atrás do "amanhã" de ontem que chegou!

ocultamento

A realidade foi estabelecida em ocultamento, razão pela qual o ilusório parece real e o real, ilusório. Dedicamos nossa vida e nosso tempo a correr atrás de coisas ilusórias porque o que é real nos é percebido como imaginário. Apenas a maturidade pode, por lucidez, reverter essa percepção. O real é imaterial, mas pensamos o contrário: que apenas aquilo que tem função e utilidade é efetivo e existente. Assim, só enxergamos o efêmero e o impermanente. Comece refutando o que julga ser real e, à medida que for enxergando o quão ilusório era esse real, o verdadeiro emergirá do que antes parecia ilusório.

ódio

Achamos que há distância entre o amor e o ódio. É um susto descobrir que quando você não está na modalidade "amor", imediatamente adentra o "ódio". Não é necessário estar no extremo do ódio para que esse sentimento se manifeste; basta não haver amor e já se está no território do ódio. A importância dessa reflexão é a seguinte: achamos que há uma neutralidade emocional, e que podemos nem amar, nem odiar. A definição de amor, no entanto, é a de ser uma estima, um interesse. Quando você não está empenhado e envolvido com o outro, se torna agente de coisas terríveis só associáveis ao ódio. Não se importar com o outro ou alienar-se do outro – na contramão da capacidade crítica própria à nossa semelhança e ao senso de justiça – são coisas que não admitem neutralidade. Entre humanos, se não há simpatia, também não há empatia; e se não há amor, há apenas ódio. Pense sobre isso. Sei que tentamos racionalizar essa indiferença neutra, mas ela não existe. E o contrário também é verdadeiro: quando você não odeia, não há para onde ir... você ama!

ofertar

O amor é uma estranha carência por doar. A oferta não é apenas um movimento de doação, ela contém também uma proposta. Começa como um desapego, mas inclui um pedido para conectar, vincular. Não há nenhum sacrifício envolvido, muito pelo contrário. É uma doação que gera gratidão em quem oferece, muito mais do que em quem recebe. Porém, um alerta! Para dar, tem que entregar, tem que ser para o outro. Não pode haver o truque em que seu desejo, mesmo que por vínculo, venha em primeiro lugar. Isso acontece muito quando as pessoas dão, mas não ofertam. Há pais que dão presentes para os filhos e depois cobram pela ingratidão sentida. É que o filho percebeu que você estava dando, mas que não estava entregando a oferta. O regalo era apenas para que você fosse um bom pai. Você era o sujeito da ação, então não há por que ficar grato! Fique atento para que as suas doações não sejam mimos para si mesmo transvestidos de favor para o outro. Esse amor pede, ao invés de ceder!

olhos

Os olhos têm uma autonomia de causar inveja! A visão, diferente da audição, dispõe de tal autonomia. Sim, a escuta pode ser viciada naquilo que você quer ou pensa escutar. Os olhos, porém, têm mais independência: eles veem e já registram com julgamento. É claro que seu critério não é inteligente e, para fazê-lo, dependem do pensamento ou da influência dele. No entanto, no que diz respeito à estética e à comparação, os olhos têm carta branca. Em padrões culturais e morais antigos, os homens sempre evocavam essa desculpa para suas intrusivas olhadelas: "Não fui eu, foram meus olhos!" Por isso falamos do "mau olhado", porque ele é um comparativo invejoso autônomo. As pessoas talvez nem sintam com essa intensidade, mas os olhos sofrem! Essa é a nossa maior sombra: um olhar independente que nem sempre nos representa!

opinião (1)

O que torna a mudança tão difícil é que ela não é uma opinião ou um ponto de vista. Para mudar, você tem que serrar o chão debaixo de si e de suas suposições. Ou seja, para mudar, é preciso antes modificar. O "mesmo" nunca chega à mudança, porque não se trata de achar um novo caminho, mas de fazer uma viagem totalmente diferente. A mente tem a capacidade de serrar o chão por debaixo de si caso encontre as sinapses críticas necessárias. As emoções jamais puxam o nosso tapete, por isso confiamos tanto nelas. Precisamos do intelecto e de sua plasticidade para nos desdizer e até nos trair. A mudança não é uma porta. Repito: serrar o chão por debaixo de si!

opinião (2)

Se não estiver aberta, a mente não serve para nada, e é importante que a crítica não esteja encerrada em si mesma. É esse o problema da opinião: é uma proposta crítica fechada! E existem três tipos de opinião: há as que fazemos impulsivamente por reação emocional ou partidarismo; há as que são feitas apenas para desferir ataques; e há aquelas que são geradas automaticamente por promotores de ideias e disseminadores de falsidades. Todas essas formas mentais são como paraquedas que não se abrem: elas não se apresentam em diálogo, simplesmente despencam sobre quem as recebe! Nesses casos, uma opinião não é uma tese ou uma possibilidade, mas um torpedo que cai em queda livre!

oportunidade (1)

A oportunidade é um efeito colateral da presença. Não é uma sorte ou um bônus, mas uma disposição para interagir com a vida. E a medida que dá dimensão à oportunidade é a prontidão e a disposição. A sensação de que as oportunidades são ocorrências efêmeras acontece não por raridade ou escassez, mas porque elas são capturadas por aqueles que estão mais despertos. Ou seja, não questione a ausência delas em sua vida, mas as reconheça com maior agilidade. Olho e alma – e você vai ficar surpreso com sua abundância!

oportunidade (2)

O último equívoco que cometemos é sempre uma oportunidade! Porque é muito mágico se descobrir errado... é o estado mais plástico, mais adaptável que iremos experimentar na vida. É claro que, para que tal se dê, antes é preciso descobrir que se estava errado. Essa percepção não é tão simples, porque o erro que acabou de acontecer o representava há poucos instantes! Os erros por emoção, por exemplo, são mais simples de detectar – já que a emoção desvanece e você, com o tempo, tende a recobrar o olhar, que é sempre um novo olhar. Já os erros por intelecto, ilusão ou confusão são erros coringas, uma vez que podem ser descobertos sem a passagem do tempo. Para tal, eles demandam nova visão e plasticidade que lhes façam maiores. Quanto mais rápido você reconhecer o último erro que cometeu, maior a chance de ele ser um mega bônus para você: além de ser menor o estrago, maior será o seu crescimento. Não perca a oportunidade dos seus grandes erros. Corra atrás deles!

oposto (1)

O oposto das coisas não é necessariamente o seu inverso, mas o seu contraditório. Podemos dizer, por exemplo, que o contrário de brincar não é trabalhar, mas deprimir. Apesar de possuírem características diferentes, ambos os inversos – brincadeira e trabalho – compartilham do envolvimento e da entrega necessários para que aconteçam. Já no caso da depressão, aí sim se apresenta o contraditório – uma vez que o desânimo e a desistência são verdadeiramente antagônicos a essas duas atividades. Tanto o jogo como o trabalho estão ligados à alegria de viver, enquanto que a depressão é a ausência dessa alegria. Os dois primeiros comprometem, a outra aliena. Os inversos são semelhantes em essência, apesar do seu avesso. O contraditório não é um mero oposto, mas uma antítese!

oposto (2)

Alguns opostos são interdependentes: a força se adquire da fraqueza, o controle da dependência e o poder da entrega. Parece paradoxal, mas a força, por exemplo, é apenas a forma que toma a superação de uma debilidade. O controle, por sua vez, é a garantia de que ele só pode existir na esfera da interdependência (aliás, é assim que conseguimos garantir o "seguro" de um bem ou até da vida, afiliando-se ou fidelizando-se a um grupo que "oferece" essa precaução). O mesmo se dá com o poder, que decorre do se jogar, do se lançar com colossal engajamento. Os poderosos, antes de sê-lo, foram dessa condição – aventureiros. É, portanto, da interseção que se produz a potência para que processos se ponham em andamento. Muitas das coisas que parecem contrárias ou opostas entre si, na verdade, andam juntas!

ordem (1)

A ordem é um recurso, não um objetivo, no que tange ao ser humano e, talvez, a tudo! Pois confusão é, em si, a perda do objetivo. Então, a sensatez, que em princípio pode parecer uma manifestação de economia (ou daquilo que é elementar), se revela uma pequenez. Não é incomum a confusão entre o simples e o simplório. Assim é que até uma gentileza (derivada de gente!) pode se mostrar uma "jeguedez" (derivada de jegue!) – pois a vida é maior do que a coerência e a regra!

ordem (2)

Além da musculatura, a vida depende da alavanca da ordem e do regramento. Cumprir uma tarefa exige o discernimento de um encadeamento, de uma ordem de procedimentos. Esse regramento encadeia etapas que ampliam a força de uma ação. A autodisciplina é a capacidade de coordenar e articular ações, ampliando a firmeza e o arrojo dos nossos esforços e empreendimentos. A ordenação é o elemento mais importante de uma execução!

organizar

Às vezes, o dragão da desordem surge com suas labaredas flamejantes de anarquia, e tudo parece se contagiar ao ponto da agonia. É que ordem e desordem são "estados" e, uma vez instaurados e instalados, afetam tudo à sua volta. A desordem é o *default*, a inércia que em repouso se materializa. No entanto, se fizer um esforço, o mesmo valerá para a ordem que, por inteligência, se imporá e se organizará em cadeia. Então, não agonize, organize!

orientar

Orientar é mais provocar e aguçar do que liderar. Não há aprendizado sem autonomia. Aprender é um evento solitário e mágico, justamente porque você está à frente do processo. A legitimidade da liderança, por sua vez, está em ir para trás. Pois o saber não é do sábio que, para permanecer sábio, reconhece que deve dele se desapegar... Então não é "venha que eu mostro!", mas "vai e me mostra!". Aprender é este movimento em que o discípulo sai da condição passiva para a ativa, enquanto o mestre vai no sentido contrário!

oscilação

O rachar e o oscilar são os sons da instabilidade. O rachar é a impermanência horizontal; o oscilar, a impermanência vertical. A inconstância horizontal soa como um fracionamento, enquanto que a vertical soa como o encher e o esvaziar. Estamos constantemente expostos a essas coordenadas sonoras do mundo em movimento. Na verdade, o mundo se desloca através do que racha e do que oscila. A própria noção de passagem do tempo é a sintonia com este tic-tac estrutural do universo: do que estala por ruptura e do que arfa por deformação. As formas e os momentos se manifestam pela interação contínua das instabilidades que se cruzam e se combinam. Um som inaudível no amanhecer de um novo dia.

ótica

Diferentes ângulos mudam por completo a percepção. Alterando-os, de repente um quadrado pode se tornar um círculo; e o que de um ângulo pareceria impossível, de outro não é. Todos os conflitos giram em torno de uma mesma verdade observada desde ângulos muito distintos. O princípio da paz é assimilar essa noção para, aí então, o que lhe parecer irreal e improvável poder ser negociado. O inaceitável se desfaz quando algo se faz admissível. E basta um vislumbre do que se vê de outro ângulo para que esta ou aquela mirada seja razoável. Qualquer resolução de problema passa pela visita a vários ângulos; só assim se torna possível uma imagem convergente de todos os prismas. No entanto, tudo se inicia com a sabedoria de que um quadrado, de certa perspectiva, sim, pode se tornar um círculo!

outro (1)

O sábio sempre começa com a metade que ele não sabe de sua meia verdade. Iniciar do intelecto para construir o que o intelecto não vê revela nossa incapacidade de lidar com o desconhecido e com o novo, e nos faz conscientes de que apenas outro olhar pode completar o saber. A nossa verdade é sempre uma meia-verdade, o que, por definição, é uma mentira. No entanto, se você souber que sua verdade é pela metade, aí sim poderá buscar sua outra metade! O saber é uma parceria, e aquele que andar apenas com sua meia-verdade sublinhará seu engano. Num conflito, a única alternativa ao silêncio não é o protesto, mas a conversa.

outro (2)

A frase "eu não te reconheço porque eu mudei muito" reflete o entrelaçamento da nossa personalidade com a dos outros. O senso de sujeito não é interno, mas uma combinação entre o interno e o externo. A imagem do outro é produto de quem somos. Se mudarmos, o outro terá que se transformar, porque quem éramos continha em si o outro específico. Essa é a razão pela qual uma verdadeira mudança precipita um novo mundo concomitante. Os nossos outros são uma referência para nós. Diziam os rabinos que, para mudar o outro, temos que mudar o outro em si. E como se consegue isso? Mudando a si mesmo no outro. As imagens são um mosaico de encaixes. Sua mudança afeta a todos e todos se transformam. Não por acaso é tarefa tão difícil e encontra tanta resistência.

P

paciência

A paciência é realmente a arte de disfarçar sua impaciência. O conceito de sábios ou iluminados que se tornam alheios e imperturbáveis não tem a ver com paciência. Na verdade, eles nem conhecem o conceito ou o sentimento disso; por trás, está um princípio de irrelevância e desapego. No âmbito social, a paciência é apenas o autocontrole civilizado do sentimento, daí o significado etimológico da palavra ser aguentar ou sofrer. Ou seja, a paciência não evita a agonia, sendo apenas a resiliência ao desconforto. Assim, a complacência e a fleuma do paciente são muito diferentes da calma e do sossego do sereno. Este último não experimenta interrupção ou afeto porque suas expectativas são internas, e não oriundas do mundo exterior. Essa é a virtude da eutimia, a serenidade de espírito!

pai (1)

Em hebraico, a palavra "mãe" é a primeira letra do alfabeto, seguida da letra "mem", cujo valor é 40. Esse número simboliza transformação: quarenta anos no deserto e quarenta dias para o feto assumir o formato humano. "Mãe" é o ser que nos encaminha na evolução e na transformação da vida. A palavra "pai" também é a primeira letra do alfabeto, seguida da letra "bet". Sua simbologia é uma casa, por oferecer chão e teto emocional. Porém, é na sequência dessas duas primeiras letras do alfabeto que se encontra a essência da paternidade: a presença, a companhia e a parceria são o que definem os pais; uma memória lateral, de mãos dadas e caminho apontado – indicado com olhar e exemplo. Distinto da memória umbilical que nutre e acalenta, pai é o passado ancestral e o vínculo com o futuro. Então, a todas as famílias das mais diversas composições, e a todos que ocupam a função de pai sob qualquer gênero, meu carinho! E carinho ainda maior àqueles para quem o pai não é uma memória, mas uma ausência. As ausências serão sempre maiores do que as memórias!

pai (2)

Diferente das mães, que são genitoras e protetoras, a característica mais singular dos pais é o companheirismo. Os pais não sustentam os filhos com seu sangue e seus nutrientes, e não os conhecem de suas entranhas – mas do encontro que só se dá neste mundo partilhado. Essa condição permite a eles uma paridade, isto é, um andar ao lado mais difícil e raro às mães. As mães perpassam e abarcam e, às vezes, tendem até a possuir. A lateralidade da paternidade oferece, assim, um passional mais leve, sublime em cumplicidade e camaradagem. Um pai, mesmo cumprindo a função de limitador e regrador, tem a oportunidade de ser um quase-avô por conta dos conchavos e coligações que estabelece com os filhos. Isso não é apenas um afeto absurdo pelos seus filhos, mas também um prazer parental sublime para o próprio pai. O sabor da paternidade, portanto, é da ordem do interino e não do uterino! Pactos e alianças é que geram seu encanto.

paixão (1)

Ansiar por tudo que pode acontecer é um estado que só conhecemos na infância ou na paixão. Nossa realidade é condicionada àquilo que esperamos que aconteça, sempre atrelada à nossa agenda e aos nossos interesses. Esse constrangimento à vida tem enorme repercussão sobre nossa experiência. Não queremos que aconteça qualquer coisa, mas algumas coisas. Limitada, a vida tenta nos atender, mas assim, maculada em sua potência, ela se mostra fraca e tímida. Essa é a razão do nosso tédio e da nossa melancolia: uma vida reduzida, autorreduzida. A infância nos é vedada pelos mesmos anjos com espadas flamejantes que guardam a entrada do Paraíso. Para reencontrarmos a vida sem filtros em sua coloração encantadora, só nos resta a paixão. Retirar esses véus e contemplar; descalçar os sapatos e tocar a terra verdadeira: eis nosso mais ansiado desejo!

paixão (2)

A paixão é o desejo; o amor é a entrega, o não-desejo! Essa mudança de referência no namoro é a mais difícil. A atração é marcada por puro desejo, vontade e apetite. Já o envolvimento que consegue transcender para o vínculo amoroso é totalmente diferente: ele demanda que se abandone o desejo e se experimente a entrega, a rendição e a devoção. Inicia, portanto, como uma experiência de existir, ocupar e conquistar para si, e termina como a de degustar a vida, impactar e fazer a diferença para o outro. Na transição desses eixos, isto é, do desejo para si ao não-desejo (que é o desejo para o outro), ocorre o amor. A paixão usa o fogo, o amor usa o ar; um inflama, o outro faz voar.

palavra

Sem dúvida, uma das maiores utilidades das palavras é ocultar os pensamentos. Quantas vezes as falas têm como único objetivo camuflar e disfarçar o pensamento? Sabemos que o que pensamos vai direto para o nosso semblante e nos entrega. A face é incontinente e não consegue mentir. Ficamos então desesperados, porque quanto mais a coibimos, mais ela delata por meio de trejeitos e sinais. Nesse tipo de situação, o manejo das palavras se torna exaustivo. E o pior é que o outro enxerga o nosso esforço, o que o torna ainda mais constrangedor! Como roupas, a fala tenta cobrir a nudez dos pensamentos, mas, vexada, se expressa (e se entrega) em atos falhos e verbalizações pequenas desprovidas de conteúdo. A melhor forma de manter os segredos do seu pensamento, portanto, é não pensando neles! A arte de conseguir não pensar no que se está pensando, aliás, ludibria muita gente. E não há um único espião que não tenha se exercitado nessa arte! Aos amadores, porém, resta o rudimentar recurso das palavras.

palpite

O mundo da visibilidade oferecido pelas mídias fomentou exponencialmente a opinião, e as pessoas têm tratado a opinião como um direito, como se fosse uma extensão ao voto e à liberdade de expressão. Não é porque algo é da ordem da igualdade que ele se constitui automaticamente como positivo; a opinião que antecede a um julgamento criterioso é sinônimo de preconceito e de ignorância. E é totalmente sem noção o embasamento calcado em sua própria opinião! Pois nada é mais arbitrário do que a tese sem entendimento, a convicção baseada na crença. Quem crê não sabe, e as crenças só se aplicam ao que não pode ser sabido. Uma crença sobre algo que pode ser elucidado não passa de um engano. Nada é mais ignóbil do que o seu ponto de vista. Vá e estude, porque o seu "ponto" de vista é o mais ínfimo dos pensamentos circulares!

par

Nada é mais camaleônico do que o Eu. O sujeito é um reflexo do olhar do outro porque sua natureza não lhe é própria, não é uma essência, de modo que dependemos dessa alteridade para nos referenciar. E assim dançamos pela vida afora com este parceiro real ou imaginário, que pode ser presença ou olhar, e que é tão abraçável e palpável quanto o nosso senso de ser. Quer se trate do olhar da mãe (a alteridade originária que nos personaliza), ou do olhar da amante (a alteridade utópica que nos materializa), o outro é sempre o par do Eu. A própria solidão, aliás, não é mais do que a experiência de um beijo desse par ímpar! E o par estará sempre presente, porque o "um" é uma qualidade divina ali onde a dualidade é a natureza do sujeito.

parceiro

A ideia de reencontro consigo através do amor, de uma cara metade, é no mínimo estranha! Por que, no lugar do outro, apareceria uma alteridade de si mesmo? Seria essa a saudade da nossa ausência? A falta que sentimos de nos esvaziarmos de nós mesmos? Ou, ainda, a carência pela "despresença" de si, de estarmos "desabitados" por nossa autoconsciência? E por que o outro causaria isso? Talvez pelo fato de não termos nenhuma outra chance de nos desvencilharmos de nós mesmos senão pela captura, pelo sequestro do nosso coração para que outro nos invada? Seria esse um inquilinismo, um mutualismo ou uma simbiose que se utiliza do outro como suporte? A questão é que o sumiço parcial de si mesmo é como um reencontro, um respiro da insuportável sensação de se sentir sendo!

parcialidade

A parcialidade do nosso olhar é uma descoberta. A visão tem um prazer próprio e, por isso, goza de certa autonomia para olhar o que deseja e da forma que deseja. Temos que nos cuidar, porque o nosso olhar às vezes não nos representa, e no mais é estranho que um sentido tenha características semelhantes às de um sentimento. O olhar avista, fita e espia marcado por interesses que transcendem o mero registro ou observação – razão pela qual existe o conceito de ilusão de ótica, mas não o de "ilusão auditiva". Fique de olho nos seus olhos! Tudo que é independente costuma refletir mais a si mesmo do que ao mundo!

paternidade

A maternidade é transformadora, mas o potencial presente na paternidade é surpreendente exatamente porque a maternidade é uma condição interna do corpo feminino – é evidente, portanto, esperar esse impacto! E é por isso mesmo que os pais se surpreendem tanto; é que neles reside também o cromossomo X, que é o "X" da questão parental. Então os pais se assombram quando percebem que isso venha tão das profundezas de si mesmos. É curioso que, na terceira década do século XXI, quando os gêneros deixam de ser percebidos como binários, o cromossomo X seja esse universal inclusivo. Porque independentemente da percepção de gênero, quando se trata de ser pai ou mãe, é ele que faz a diferença. Sejam pais héteros, ou de outros gêneros, todos eles têm no X a origem de sua paternidade refinada – proveniente, por sua vez, da maternidade estrutural presente em si mesmos. Ou seja, é no X que está o epicentro da gestação do futuro e das gerações!

paz

A paz não é uma meta ou uma realização, mas uma postura; não pode ser alcançada porque ela não é um objeto, mas um recurso. E ao utilizarmos esse recurso e ganharmos maestria sobre ele, pode parecer que o dominamos, mas isso é pura ilusão ou desejo. Por isso, muitas vezes temos dificuldade quando meditamos – porque estamos o tempo todo buscando encontrar a paz, mas ela não está à frente, e sim dentro e entre. A paz é o trançado de atenção e desatenção, de alienação e presença, de disciplina e descaso. Porém, ela é sempre estética e elegante, porque dosa perfeitamente a presença e a ausência. Gigante é o encontro entre dois seres que estejam em paz, porque nesse caso não se trata da interação entre um "eu" e um "tu", mas da relação entre um "não eu" e um "não tu".

pena

A pena torna o sofrimento contagiante porque o retira da esfera emocional e o recoloca na esfera intelectual. A pena é mais do que o sentimento sofrido: ela cria todo um enredo provido de razão e justificativa do sofrimento. A palavra possui duas origens: a que deriva do latim "*poena*", e significa castigo, punição; e a que deriva de "*pondus*", de peso (no sentido de contrabalançar, equilibrar). Seja como for, quer se trate do sentido punitivo ou do sentido de recompor uma perturbação, a palavra pena produz uma identificação que contagia! Ela é um sentimento turbinado por propósito.

pendências

Muitas das nossas inseguranças nascem de ambivalências e vacilações dos nossos pais. Se por um lado são eles que nos resgatam do escuro, por outro, quando ficamos diante de suas pendências e questões mal resolvidas, aí sim é que nos sentimos fragilizados. Ficamos então entre o medo da escuridão e o receio da luz, isto é, de enxergar o que não queremos ver! Os pequenos constrangimentos e vexações que aqueles em quem confiamos nos impõem têm esse paladar desagradável... A suspeita em relação à luz, assim, merece muita atenção. Isso porque, se o medo do desconhecido é um recurso de proteção compreensível e justificável, o medo do conhecido se manifesta em recalques, neuroses e obsessões. Suspeitar da luz nos limita imensamente!

pendurar

O que nos derruba e se arrasta por muito tempo nas nossas vidas são coisas às quais nos agarramos. Elas não teriam o poder de nos impactar tanto se não lhes déssemos tanta importância. Esse, aliás, é um bom parâmetro a se considerar no caso dessas questões relevantes ou recorrentes: o porquê de não conseguirmos abrir mão de algo! Por que não liberamos, enfim? Porque provavelmente pensamos que se trata de algo que nos dá segurança ou alguma vantagem. Assim, não conseguimos perceber que o sofrimento decorre do fato de não largarmos, e que o resultado seria muito melhor se perdêssemos. Perder parece sempre um palavrão, mas é a palavra que, justamente, abre novos parágrafos ou até novos capítulos nas nossas vidas. Uma perda com inteligência e *timing* é uma das coisas mais transformadoras que pode nos acontecer.

perdão

Perdoar não implica desculpar. Às vezes desculpamos e absolvemos sem perdoar. Perdoar é um ato interno e unilateral; é uma inteligência, uma manifestação crítica que evoca o senso de humildade. Não se trata da submissão ao outro que provocou dor ou dolo. É, isto sim, um ato de humildade relativo ao relevante e ao irrelevante. Porque o perdão é um apego. O português permite um jogo de palavras interessante... em que "perdão" soa como se fosse o superlativo de perda – uma grande perda! Infantilmente, não queremos abrir mão do mando da razão, isto é, de querer exercer superioridade sobre o outro, mantendo-o subjugado à nossa narrativa, que possui valor. Esse sentimento de grandeza, porém, distorce a realidade, envenenando-nos de arrogância e narcisismo. Perdoar é remir a si mesmo, é expiar e purgar o ferrão cravado no seu coração que, muitas vezes, é mais grave do que a própria ofensa. O objetivo do perdão não é isentar, mas separar infração e infrator. E, claro, favorecer a sua paz.

permanência

O que vai sobrar de nós e de todo o nosso engajamento com a vida é o amor. Paixões e afetos são como partes de nós que se expandem e irradiam para o mundo e ficamos presentes para além do corpo e da presença. Por isso, a única resposta cognoscível sobre o além da vida, sobre a vida após a morte, são os nossos amores. Eles estarão em nosso pós-vida, já que sobreviverão a nós como uma digital impressa em corações e emoções de outros. Pois é justamente nos outros que se encontra a nossa transcendência, e a saudade do mundo não é uma vaidade narcísica, mas a medida mesma do quanto vivemos e nos entregamos à vida. Podemos não saber quais são os propósitos, mas é importante termos a clareza de que a vida é para ser vivida! E não há como viver a vida sem "amar", ou seja, permitindo-se amar e ser amado. Esse tempo extra entre a morte e os amores deixados é uma eternidade de deuses porque, vivos, sequer sabíamos o valor de nossa existência. Porém, nesse intervalo do além, brilha a razão do nosso existir, razão que em vida não podíamos acessar totalmente!

perspectiva

A nossa perspectiva depende do que estamos procurando. Se olharmos a vida como uma constante ameaça repleta de sofrimentos e desconfortos, é isso que vamos encontrar. Saiba que as nossas perspectivas são bússolas, e que estas podem estar adulteradas. Nessa condição, nos orientamos equivocadamente, não apenas no caminho propriamente dito, mas também na direção. Um pouco de chocolate quente, ou uma saída para pegar um ar e tomar fôlego podem remagnetizar a sua bússola e restaurar a precisão do seu norte. Quando perceber que está sob a influência de perspectivas duvidosas, use um bafômetro e abra mão da sua aptidão para se dirigir e se conduzir. Em outras palavras: se você estiver tendencioso, não se conduza! Pare e aguarde até que recobre a sua sobriedade novamente.

plasticidade

O eixo é o elemento mais sofisticado da estabilidade. É um áxis, um alicerce imaginário que, por não ser rígido ou sólido, oferece equilíbrio. Por ser o centro dos movimentos, o pivô não se sustenta por compressão, como um pilar – é a sua rotação que equaliza e organiza. Os nossos princípios são como colunas que escoram por firmeza, enquanto os nossos métodos são eixos que se sustentam por movimento. A coordenação do fixo e do móvel é o que permite que sejamos flexíveis e moldáveis, mas sem perder o aprumo. Esse molejo – a integração do mole e do rijo – é a representação de nossa integridade. A plasticidade é a inércia que, paradoxalmente, é produzida por movimento, flexibilidade e alternância.

poesia

A poesia e a música são formas de dizer o indizível. Suas alegorias e melodias comunicam ao mundo profundezas. A prosa quer descrever e analisar, traço próprio à linguagem comprometida com os sentidos e com o que faz sentido. A música, por seu turno, não quer descrever ou arrazoar; ela quer expressar sentimentos e afetos que não podem se calar. O indizível sempre será então uma melodia, porque não há aí narrativa: sua essência é a experiência. As frases de uma melodia não serão sentenças, mas um tempo, uma vivência. E se a fala só se justifica por meio do nexo ou do objetivo semântico, a música se justifica pelo arroubo e pelo elã.

poetas

Em todos os lugares a que vamos, os poetas já estiveram antes! Que lugares são esses? Os lugares profundos, os lugares humanos. E todos nós amamos nos encontrar nesses lugares, somos parceiros e confrades dessa realidade descoberta pelos poetas. Eles são os pioneiros que se aventuram no terreno de nossa humanidade e revelam os bolsões e mananciais de nossas ânsias, nostalgias e desalentos. Marcado por saudades de passado e futuro, o poeta costura a alma na tela da existência – é o registro por onde passam os vivos, numa trilha de inscrições. Os que se arriscam por essas trilhas encontram epígrafes e anotações, como aquelas em que dois nomes são margeados por corações... É o rupestre das paixões e comoções humanas talhadas na rocha da epopeia das nossas andanças. Os nomes desses louvores, circundados por esses corações, são todos "eu e tu"!

portas

Quantas vezes ansiamos por um amanhecer?! Nada contra a noite, mas o amanhecer é uma renovação, um reencontro e um "re-contrato" com a vida. E por não sabermos fazer amanhecer, nos cabe abrir todas as possíveis portas! Por portas, entenda-se o "re" de "re-possibilitar", reabilitar, renovar, revisitar, rever, reaver, reconsiderar, retificar, resgatar... Não entenda o prefixo "re" como designativo de repetição, mas como recorrência de uma eterna inauguração. Abra as portas e convide a vida a entrar! Essa é a festa que antecede a festa, sendo sempre muito maior do que o próprio festejo. Amanheça por portas abertas, e o sol fará a sua parte!

posse

A diferença entre ter e conseguir está no objeto da posse. O ter é a apropriação de algo, o conseguir é a apropriação de si, da vida. O mundo não pode ser nosso porque tem sua própria essência. Mesmo o nosso próprio corpo não é uma posse, mas um uso; um meio e não um fim. Só o que realizamos e conquistamos verdadeiramente faz parte do nosso ser. Não é possível, portanto, se possuir tudo. Das coisas, portanto, o que podemos ter não é a propriedade, mas o que elas nos proporcionam! Então, um lindo dia para você não dispor das coisas! – mas deixar que elas estejam a sua disposição, ajudando em conquistas importantes para você!

possuir

Possuir geralmente é visto com desdém. Em nossos dias, em particular, tornou-se uma palavra definitivamente negativa e politicamente suspeita. No entanto, o prazer de possuir é coisa que conhecemos desde crianças: o prazer de algo ser seu e poder ser desfrutado por você a seu bel-prazer... Por que isso haveria de ser negativo? Tal coisa seria compreensível se, por conta de uma má formação sua, você quisesse estender isso a pessoas ou a coisas vivas; aí sim se trataria de um desvio grave e de um desrespeito à autonomia do outro, denotando incontinência emocional e espiritual. Nos demais contextos, porém, ser dono e ter patrimônio é um desejo legítimo e insubstituível. Ter a sua casa, a sua terrinha, os seus bens, o seu nome, a sua construção pessoal, tudo isso é fundamental para a vida. Claro que não é para sempre, nem para fins de acúmulo desmedido. Mas o fato é que a identidade e a individualidade são, em si, experiências de se apossar; não negue a si essa vivência maravilhosa da vida que é tomar para si. De resto, é de nossa natureza não monopolizar por longos tempos e, com certeza, não para sempre. Se você estiver bem, a posse e o desapego são movimentos coordenados pela alegria e pelo valor da vida. Precisamos aprender a possuir por impulsos positivos de aspiração e de conquista, e não por insegurança ou avareza. Essa é a maturidade esperada, ao invés da irrestrita repressão a uma das maiores fontes de alegria e prazer na vida. Esses momentos de exclusividade são intimidades com a existência, dos quais ninguém deveria ser privado.

postura

Segundas-feiras podem parecer uma péssima escolha para que nós as vivamos 1/7 da vida. Mas a verdade é que tudo depende da nossa atitude e, assim sendo, as segundas-feiras podem ter uma grandeza até maior do que os domingos – dias tradicionais do ócio e da desobrigação. Há uma santidade própria aos dias da semana, e suas atividades são complementares entre si e cheias de graça. Levantar da cama e, semanalmente, reencenar sua maturidade e autonomia pode parecer brusco e impertinente. Porém, é nas segundas (junto com os demais dias da semana, seus irmãos) que suas realizações e conquistas mais se manifestam. Então, não é apenas sobre sair das cobertas e ir lidar com encargos – é sobre reencontrar a si mesmo no território do criar e do conceber!

precisar

Ao contrário dos "segredos" que induziriam o universo a nos prover, é justamente não precisar de nada que atrai tudo! Exatamente por não sermos o centro do universo é que o nosso "precisar" é irrelevante. O importante é distinguir entre querer e precisar, pois um é motivação; o outro, direito. A diferença entre os dois é absurda, porque enquanto um promove caminhadas, o outro produz altos e baixos que se anulam. Ou seja, de necessidade em necessidade; de demandas atendidas em novas demandas feitas, não saímos do lugar. Pois o lugar vazio sempre produz uma expectativa de recompensa ou de algum tipo de devolução. Precisar é sempre uma reclamação, uma tentativa de "falar com o gerente" e daí obter algum privilégio. Porém, a atitude de não precisar é que desperta e magnetiza as incríveis e infinitas possibilidades da vida. "Des-precise", portanto, e você irá encontrar mais querer em sua vida!

preço

Os tolos confundem os conceitos de preço e de valor. Do ponto de vista econômico, o preço não está necessariamente atrelado ao valor, e pode ser estabelecido a partir do desejo e de emoções como o medo e a ganância. O interesse, então, interfere inflacionando ou deflacionando o valor. No entanto, do ponto de vista humano, o conceito de valor deve ser cultivado. Essa, inclusive, é a razão de ensinarmos valores aos nossos filhos: se eles não conhecem a realidade do valor (que é a qualidade inerente a algo), vão se perder e trocá-lo pelo preço do momento. O preço é uma quantidade e, como tal, deve estar sempre controlado pelo valor real das coisas. Essa é a razão do nosso mundo estar precificando tudo, e de não estarmos gerindo a humanidade por qualidade, mas por quantidade. O resultado dessa equação é que, sem os valores, as "*commodities*" da vida, iremos certamente viver abastanças sem sustentabilidade e sobrevivência.

preocupação

A preocupação é o contrário da atenção! A atenção tem foco, a preocupação é difusa. Por isso, a preocupação é a adição de mais um risco àquilo que já nos desafia ou ameaça. Curioso é que pensamos justamente o contrário disso, ou seja, que se ficarmos preocupados iremos afastar os males – tal como uma superstição, uma mandinga, um talismã. Porém, a preocupação só faz nos afastar da realidade e, longe de ser um recurso de cautela e de cuidado, é antes uma forma de pessimismo. Mas o preocupado pensa o inverso, e se acha preparado! No entanto, não é nada disso: na maioria das vezes, é uma profecia autoimposta. E não há ambiente melhor para a Lei de Murphy do que a preocupação! Desejo a você muita atenção despreocupada!

presente

A força de um presente é ele não ser imposto. Esse, aliás, é o termo que usamos para o pagamento compulsório que cedemos à sociedade: o imposto. Mas um presente não é uma remuneração, ou então uma recompensa por mérito ou direito. Antes, um presente é uma gratuidade, e não tem nenhuma outra motivação que não o afeto! Perceber cada dia como um presente é algo que nos ajuda a estabelecer uma relação afetiva com a vida. A gratuidade – e não o valor ou a virtude – é o que de fato nos oferece todos os dias um novo amanhecer. E ele não cai do céu, mas vem do horizonte.

pressa (1)

A afobação atrasa, o afã delonga e a ansiedade retarda. O que fazer diante da perda do horário? Entre em sintonia com o tempo, e não o contrário – não atravesse ou desafine o seu ritmo! Mais do que nunca, você precisa de sossego. Só assim poderá recuperar um pouco do passado! A ação tranquila e cadenciada é a única capaz de estabelecer a ordem e o critério de que você tanto precisa para recuperar o tempo perdido. O tempo pode não ser elástico, mas ele é uma melodia; a arte, então, é harmonizá-lo e não comprimi-lo. O tempo apertado fica amarrotado e nada se encadeia nele: com tantos frisos, ele não flui! Passe o tempo, aplaine o tempo e o estique para que ele possa voltar a fluir. A pressa coloca você no futuro, e lá as coisas não andam porque o percurso quem faz é o presente!

pressa (2)

A pressa é um senso de prioridade. É um erro, portanto, fazer da pressa um ritmo. Apresse-se sim, mas no tempo sincronizado do viver. Para a vida, que é finita, a pressa tem o seu valor, mas a última coisa que você quer é acelerar a vida. Não se adiante e, principalmente, não faça um *fast-forward* com a sua existência. A pressa vale para os projetos, mas não para como irá experimentá-los. Velocidades são perigosas para quem é limitado e finito!

priorizar

A relação entre sabedoria e ocupação é profunda, porque a natureza da sabedoria é a relevância e a pertinência. Ser sábio é saber priorizar – e não, ao contrário, se perder em múltiplas ações sem distinguir pesos e magnitudes. Então, por definição, um sábio não é alguém assoberbado de coisas para fazer, pois o sábio só faz o que é prioritário e que coincide com o que ele já está fazendo. Se você trouxer algo a ele que seja realmente relevante, então esse será o seu foco e o seu interesse a partir dali. Quem anda ocupado demais está perdido; já quem tem os valores e a sensibilidade para eleger o que é essencial sempre terá disponibilidade, se o que se apresentar tiver valia. O sábio jamais dirá que não tem tempo ou que está ocupado; ele lhe levará por juízo e apreciação a engajar-se com ele, seja no que você propõe ou no que ele tem a lhe mostrar como sendo essencial e de real interesse para tal momento e condição.

privacidade

É interessante como, quando estamos bem, nossa própria companhia é um luxo! A presença de si é uma parceira que ocupa muitas das melhores memórias da nossa vida. E mesmo momentos divididos com outros demandam essa privacidade. Quando conquistamos ou experimentamos algo, então! – é como se disséssemos: só um momento, preciso estar comigo! Esse ter consigo mesmo é como nós costumamos pontuar momentos mágicos. A solitude tem a força de nos alegrar e é o espaço mais inspirador para deflagrar trilhas sonoras pessoais e imaginárias. Já a solidão, esta é o desinteresse por si mesmo, o qual torna insuportável a nossa companhia, uma tortura! Não temos o que fazer conosco mesmos, e o tédio logo se mostra uma expressão de desafeição. Para sair da solidão, o segredo não é encontrar ou buscar pessoas, mas enriquecer o seu *self* e torná-lo alegre. Aí então o bônus de ter muitas companhias se torna um dividendo imediato!

privilégio

Procrastinar é uma arte para a qual cada um desenvolve as suas próprias técnicas! Elas podem ser cômicas e profundamente criativas...

e afinal... ninguém é de ferro! Para além dessas técnicas, porém, há algo com que é preciso tomar muito cuidado: o privilégio! – porque nesse caso ele é mais pernicioso e tóxico do que qualquer outra coisa. Isso porque ele começa como uma comodidade, mas, via de regra, logo se faz um abuso e uma prepotência. Divirta-se, então, com suas estratégias de esquivar-se do trabalho (e pague seus pequenos preços por isso), mas fique alerta às regalias, porque elas têm custos que vão além do dever ou do não dever entregar: elas corrompem.

problemas (1)

Os problemas são todos sonhos, devaneios imaginários. A prova disso é que, se você relatar seu problema para alguém, quem o escuta não irá acolhê-lo da mesma forma que você. Um problema é um *"bend"* cerebral, uma curvatura de vários estímulos e memórias que interagem entre si criando um "cenário problemático". Essa plataforma-arquitetura é composta de encadeamentos de possíveis eventos negativos que, por sua vez, culminam em algo inaceitável. Fica assim estabelecida uma anamnese do que é inconcebível, algo como: "Tudo menos isso!" E quem pode ficar em paz com um alerta dessa gravidade! Esse estado vigilante é, em si mesmo, o problema. Uma boa saída é contar seu problema para várias pessoas, prestando atenção na irrelevância e no quão minguado ele se mostra quando exposto! Aconselhar-se é sempre fundamental, não pelas sugestões ou recomendações oferecidas, mas porque, sob o olhar e o pensar dos outros, os problemas se reduzem ou até se dissipam. O outro é o melhor antídoto contra o delírio!

problemas (2)

Um dos marcadores da vida, do curso da vida, são os problemas da rotina. Quase nunca percebemos o quanto eles nos oferecem um território, um campo existencial. Certa vez, uma pessoa pediu ao rabino que lhe abençoasse. O rabino disse: "Que tenhas muitos problemas na sua vida!" A pessoa ficou horrorizada: "Como assim?!" Ele explicou: "Quando temos muitos problemas, está tudo bem! Terrível é quando temos um único!" Bom retorno aos vários problemas; e para quem tem um único, que possa em breve ter muitos!

processos
O senso de identidade pessoal é fundamental para a nossa sociabilidade, e dependemos dele para estabelecer relações de intimidade. O que forma a nossa personalidade é a maestria, ou o senso de competência, que vamos desenvolvendo em vários níveis da vida. A personalidade é uma interação entre nós e nossas experiências, uma fusão entre nosso corpo e nossa história. Por isso, a personalidade – assim como a assertividade – não tem nada a ver com o que você faz, mas com quem você é. Os processos são distintos das ações porque estas são intervenções no mundo, enquanto que aqueles são interações com o mundo.

procrastinar
Procrastinar só é um defeito se o comportamento de postergar e protelar for inconsciente, como um desvio ou uma mania. No entanto, pode ser uma virtude se, ao procrastinar, nos livrarmos das coisas irrelevantes, driblando incontáveis tarefas que, se nunca forem feitas, jamais terão qualquer impacto sobre as nossas vidas. A ironia se impõe ao clássico ditado que nos quer mais diligentes. Essa insurreição contra o descartável e o desimportante; esse enfrentamento ao vazio e ao irrisório pode ser um importante recurso da vida. Ou seja, empurrar com a barriga pode ser realmente muito desgastante: empurre com as mãos mesmo!

professor

O ensino é uma independência. Os genitores e os mestres devem se alegrar com a sua prescindibilidade. Ser dispensável não é ser irrelevante. Muito pelo contrário, as pessoas mais importantes de nossas vidas, com quem teremos vínculos eternos, são as que nos formaram e edificaram; sua atuação exterior se fez interior, costurada à nossa alma. Foram tão assimiladas por nós que não precisamos ficar grudados a elas. Esse voar e essa emancipação são amar não apenas o outro, mas a vida do outro. Parece contraintuitivo, mas o produto do amor deveria ser sempre a autonomia do outro! O tal "amar a vida do outro" e não o outro em si!

projeto

A liberdade é a certeza de que há uma chegada. Não basta apenas o impulso de iniciar algo; é fundamental imaginar o final, a realização daquilo a que você está se permitindo. Muitas vezes caímos na armadilha de que a coragem de colocar em andamento algum projeto, pela simples vontade de romper, já é o bastante. No entanto, esse projeto tem que trazer, em nossa imaginação, o começo e o fim do risco e da ousadia. Em outras palavras: quando só temos o ímpeto inicial de realizarmos algo, não é raro ficarmos pelo caminho. Ou seja, a permissão tem que ser total – a de tentar e também a de conseguir. Por isso a liberdade não é um direito, mas um poder. O direito se dá como justificativa para começar, mas é o poder que leva a liberdade à libertação. Livre é o estado de potência, e não de espera. Quem sabe faz a hora e faz acontecer, não por garantia, mas por aspiração.

proporcionar

A legislação tenta proteger grupos e minorias que não têm seus direitos devidamente respeitados. Daí os estatutos da criança, da mulher, dos deficientes e dos idosos. Nessa categoria deveriam estar também as "coisas" que, cada vez mais, vêm sofrendo abusos por parte da nossa espécie. Sim, a propriedade e o utilitarismo abusam das coisas. É incongruente que algo impermanente queira possuir aquilo que é menos transitório do que ele próprio! Utilizar ou usar algo, aliás, são também conceitos equivocados, porque implicam em consumir, em gastar! A função das coisas é proporcionar. Essa qualidade inesgotável é a única que pode preservar e conservar as coisas que pertencem àquilo que chamamos de mundo.

propriedade

Nada é mais alegre do que estar no seu próprio lugar. Muitas de nossas crises são de autenticidade. Não nos reconhecemos porque o lugar do outro sempre está ocupado! E o efeito da tentativa equivocada de ocupar o lugar do outro é a frustração e a hostilidade. Diz-se que um sujeito veio ao rabino para reclamar de que sempre havia alguém para lhe pisar o pé! O rabino explicou: "É que você ocupa todos os espaços; não tem como não pisarem em você!" O malabarismo de ser quem somos evita pisões e revela a contorcionista alegria de ser o que se é!

protagonismo

A culpa, além de ser um sentimento desagradável, tem alto grau de transferibilidade. Isso a torna, com regularidade, "culpa do outro". E quem são os outros preferidos? São estes, na seguinte ordem: a mãe, o pai, o irmão, o amigo e, por último, o mordomo. Independentemente das formulações de Freud, são tantos os eventos basilares de nossas vidas que envolvem esses mesmos personagens que seria de estranhar que eles não encabeçassem a lista. Os pais, em especial, além de nos acompanharem em nossos últimos anos de experiências e aprendizagens quando ainda crianças ou jovens, são eles mesmos, por norma, também jovens – o que faz dessa interação uma "tempestade perfeita". Crescer é desvencilhar-se desses papéis e assumir sua culpa. Porque disso não há como se desvencilhar: o culpado é sempre o protagonista!

pudor

O pudor é uma das palavras mais feias da linguagem. E pudera, pois ela esconde o mais vil dos sentimentos, a vergonha! É que ter pudor não é apenas estar vexado, mas querer disfarçar e ocultar a vergonha. Além da vergonha em si, a pessoa com pudor encontra-se ainda mais vulnerável pelo ilícito de tentar camuflá-la. Saber deter esse processo de pejo, quase um nojo de si mesmo, é basilar na vida. Quando atacado de pudor: pare, sacuda a poeira e dê a volta por cima! Ele nos torna impuros, é uma condição aviltante. Perceber em si impurezas e eliminá-las é a mais importante arte do sujeito!

qualidade

A perfeição é a ideia de fazer de forma definitiva, inteira e acabada. O fazer já é uma tarefa grande, e é importante mirar na perfeição para poder alcançar excelência. A perfeição, no entanto, é uma miragem, um horizonte. Não apenas porque a vida é uma interminável superação – tal como vemos nos recordes que vão se sucedendo –, mas também porque ela é uma construção temporária. O inimigo maior da perfeição é o aperfeiçoar, ou seja, a interminável contribuição que a realidade oferece, tal como se dá na história do tapeceiro que tecia tapetes, os quais levavam décadas para serem concluídos: certo dia perguntaram a ele se não se angustiava diante da possibilidade de não terminar sua obra, ao que ele respondeu que não, porque ainda não a havia iniciado! Se você avançar ao alvo, é esse o seu aperfeiçoar, que, na verdade, é a manifestação de sucesso, independente do chegar.

quantidade

Sempre pensamos no amor como uma qualidade, mas também há nele um componente quantitativo! Talvez afetos a partir de certa intensidade qualifiquem-se como amor. Daí a ideia de que o amor possa multiplicar ou exponencializar nossas pequenas coisas, tornando-as grandes coisas. Pelo menos é assim que sentimos, já que a experiência do amor tem como aspecto principal a sensação de ser avassalador e preponderante. Seja como for, o amor nos dá acesso a escalas que jamais seriam para o nosso tamanho!

quarta

A quarta-feira é a mediana, o meio-dia da semana. A nobreza da alma está em não comandar e também em não obedecer, e reflete a moderação na praticidade e na ação, como requerem os dias da semana. Para aqueles que estão a gerir e a administrar, essa é uma dica importante: o que mais se espera de você é que nem comande, nem obedeça – pois o expediente e o despacho se localizam justamente na intercessão entre comandar e obedecer. Não se trata apenas de um equilíbrio de paridade, mas de temperança. Aprenda da quarta-feira essa tonalidade e essa modulação!

quebra-cabeça

Problemas são, na verdade, mensagens, já que representam algum tipo de saturação. Um problema nunca é o início de um processo, mas a sua maturação. Há certa relação entre sonhos e problemas, porque ambos são sintomas. Todo o problema é uma ficção, uma dramaturgia acerca da nossa percepção do mundo. O problema nos insere na vida e, se soubermos interpretá-lo, poderemos conhecer muito do nosso relevo interno. Diga quais são seus problemas e te direi quem és! A arte de interpretar problemas é, portanto, fundamental para se ter acesso a si mesmo. A terapia psicanalítica tem como objetivo expor a problemática que você constrói, e nesse enredo estão as mensagens à espera de serem reveladas! Nossos problemas não existem separados de nós, são evidências de nós mesmos.

queda

A queda é parte do processo de ascensão, porém é contraintuitivo sabermos utilizar o seu empuxo. Por isso, aprender a se balançar sozinho num balanço parece tão difícil: você quer ir para a frente, mas é o impulso para trás que estabelece o movimento. O mesmo se dá quando você quer saltar, e acaba retraindo e contraindo seus músculos... Enfim, não há como subir sem essa descida. Vemos isso, também, nas crianças: tem as que caem e ficam no chão compadecidas com sua queda, e as que rapidamente se levantam e retomam a atividade que as derrubou. Não atribua à queda nenhuma qualidade outra que não a necessidade de uma tentativa melhor que a anterior. A queda é uma circunstância, não uma condição.

queimar

Achamos que a fumaça nos leva ao fogo apenas na qualidade de um vestígio ou um indício, mas não é assim. Na verdade, a fumaça é um efeito do próprio fogo e se conecta com sua essência. Então, quando percebermos que "onde há fumaça, há fogo", isso não significa uma mera relação de semelhança ou alguma localização específica, mas uma essência. Do mesmo modo, tentamos nos iludir acreditando que nossas descobertas acerca do caráter e da formação das pessoas são apenas resíduos ou estilhaços. Mas uma evidência é uma amostra, e não um simples pormenor ou minúcia; portanto, ela é sim uma indicação! E também é um prenúncio! Mesmo quando o fogo se extingue, sua natureza permanece na fumaça e pode reacendê-lo. O que compartilha a mesma essência é constantemente recíproco e biunívoco.

querença

Só por ter tido carinho, pensei que o amor fosse fácil... O amor no sentido de uma paixão não é um afeto, mas uma afetação. E operar e mover-se no território do exagero é difícil, porque nesse ambiente não há naturalidade. Então o apaixonado teme se aproximar, porque seu desejo é tão aparente, sua carência fica tão exposta, que tudo se torna artificial e fingido. O ímpeto não se amolda a comportamentos e convenções, e nos tornamos inadequados. Daí que afetos não nos garantem maestria nas afetações. Além disso, a arte de transformar uma afetação em afeto é sofisticada, porque o afeto depende do outro, a afetação não. Ficamos, assim, dependentes de casamentos. E casamentos são competitivos como a seleção natural.

querer (1)

As joias da vida são a força e o esforço. Na busca por contentamento, nos esquecemos de que a vitalidade é o próprio bem-estar que, por sua vez, também é a própria felicidade. A força nos empodera fisicamente e o esforço nos empodera emocionalmente. Nossa natureza é sermos um "meio" e não um "fim"! Pensamos que as finalidades e as metas nos realizarão, quando são os processos e as construções que nos satisfazem. É difícil perceber isso, mas tudo o que media e tudo o que instrumentaliza tem a ver com o nosso reino, com a nossa essência. Querer é maior do que ser e é muito maior do que ter! Querer é o norte da nossa existência!

querer (2)

O que nos arrasa é a cabal certeza daquilo que não queremos em contraposição ao desconhecimento daquilo que queremos. Quando nos damos conta, tudo que queremos é que não sejamos expostos ao que não queremos. Esse querer de não querer pode parecer potente o suficiente para nos oferecer propósito, mas não é! O "não acontecer o que não queremos" é uma soma zero que não nos oferece um excedente para dar significado à vida. Muito melhor seria não querer nada do que querer o que não queremos. Um produz simplicidade, o outro produz ansiedade e medo. Um exercício fundamental, caso não consiga refinar nada do que você queira, é impedir o interesse naquilo que você não quer. Meditar ou espiritualizar-se nada mais é do que desconstruir o mundo de saber o que você não quer. Se conseguir produzir uma fé – que é saber o que quer –, ótimo; caso contrário, como é para a maioria, foque não querer nada para que isso ocupe o lugar daquilo que você não quer!

questão

Uma resposta não existe *de per si* e isso muda toda a questão. Se você não dispuser de uma boa pergunta, a resposta não terá qualquer significado. Mais do que isso, estará garantido o engano, exatamente pela falsa investidura da resposta. Enquanto você não conseguir elaborar "a pergunta"; enquanto ela não tiver sido afunilada com um laser de precisão, a resposta sairá atrelada a outra pergunta... Então, quanto mais crucial for uma questão, ao invés de ficar ansioso por uma resposta, fique ávido por burilar e lapidar sua pergunta com "nano precisão". O engano se dissemina no terreno fértil da inexatidão. Por sua vez, a resposta só se rende a uma boa pergunta.

quicar

A vida não é sobre quão longe se vai ou quão alto se sobe, mas sobre quão rápido se recupera. Todos nós mais cedo ou mais tarde caímos, e o fundamental é não se quebrar! A elasticidade física e a plasticidade emocional e intelectual são os recursos mais importantes da vida. Alongar e descontrair, ao invés de absorver os golpes com rigidez, permite, além de diminuir o impacto, voltar com maior intensidade. Para alguns, trata-se de um dom; para a maioria, um exercício importante. O pesar diante do perder; o inconformismo diante da derrota; e o desgosto diante da frustração enrijecem, favorecendo a quebra e a ruptura. Voltar rapidamente, empoderado e não vitimado por sua queda, é saber quicar!

quimera

Às vezes ficamos tão encantados com uma ideia que passamos a vida a cortejá-la sem sucesso. Orbitar ideias sem nunca chegar a elas ou se fundir a elas provém de uma exterioridade que não conseguimos internalizar. Solte-se e permita que a ideia molde você. Não atender à plasticidade de seu flerte diz muito sobre o quão refratário você é ao convite da aventura de si mesmo; e sobre o quanto de fundamentalismo existe em seu pensar. Esse amor platônico por ideias tem o seu frisson, mas não o qualifica como um *affair*!

quinta

A quinta-feira é um ponto de inflexão. Na tradição judaica, na quinta já se está autorizado a saudar o sábado, o shabat, algo como desejar um bom fim de semana. Há uma nova intensidade nas quintas, e nos damos conta da importância dessa inflexão. Toda inflexão demanda uma freada, uma travada numa certa direção para que se possa tomar outra. Essa dobra que antecede qualquer variação expõe uma dramaticidade. E assim é a vida: basta dar meia-volta e tudo muda, tudo é diferente. É muito sagrado percebermos que esse é o tempo do viver. Diferente do tempo do existir, que é pontuado pelo tique-taque dos segundos, o tempo do viver é assinalado por novos pontos de inflexão, e cada um desses pontos cria a cadência da vida – a possibilidade instantânea de tudo mudar!

R

raiva

Há grande proximidade entre o amor e a raiva. Na verdade, são emoções idênticas, apenas com o sinal trocado e trazendo em si a natureza de tudo o que é "do outro lado da moeda". Como a essência é a mesma (ou seja, "você para mim"), pode evocar a simpatia da atração ou a antipatia da rejeição. Não raro flertamos com a radicalização dessa experiência, que é a paixão. Porém, aí ela se torna fronteiriça não à raiva, mas ao ódio. E tudo pode desandar nessa toada de similaridade: o encantamento podendo virar ciúme e a entrega, inveja. Essa, aliás, é a explicação de um casamento contratado estar sujeito a terminar em uma separação litigiosa. Infelizmente, esse está entre os fatores que geram casos de abuso ou mesmo de feminicídio. Ame perigosamente, mas também com tudo o que o perigo requer; ou seja, fique atento.

razão

O que fazer quando a razão se esgota? Tenho um livro sobre isso, *Fronteiras da inteligência*. Para além dessa fronteira, é irracional não prosseguir com fé. Pois o pessimismo e o otimismo são regidos por emoções e, portanto, são ignorantes – sua convicção não é lógica, é uma afetação. Você pode tentar não olhar para além da razão, mas duvido que consiga! A fé, então, é realmente uma continuidade da razão; como se o combustível do pensamento cessasse, mas, no vácuo da razão, ele seguisse na direção que lhe foi apontada. A fé é a inércia da razão, e a mesma força que nos faz acreditar e assentir à vida, ela nos encaminha no seu curso.

reação

A reação é um reflexo. Ela parece uma atitude independente. No entanto, é apenas a continuidade de uma ação que não começou com você! Não temos controle sobre as coisas que acontecem, mas temos sobre as nossas reações. Não é o mundo agindo objetivamente sobre nós, mas nós mesmos agindo subjetivamente sobre nós! Se não aprendermos a intervir em nossas reações, experimentaremos a falsa sensação de estar ao sabor do destino, como se fôssemos eternas vítimas das situações. No mais, as imposições da vida são muito menores do que a incapacidade de encontrar alternativas; e é assim que o passado muitas vezes nos impõe maior fatalidade do que o próprio presente: 90% no passado, e apenas 10% no presente!

reagir

O carma do que fazem a nós pertence a quem faz, mas o carma de nossa reação nos pertence! É comum perdermos essa noção, porque parece que a reação é uma ação justificável diante da ação inicial que a motivou. No entanto, todas as ações são independentes em sua responsabilidade. Desde criança queremos alegar que a responsabilidade foi do outro, afinal, "foi ele" quem nos levou à nossa ação. Isso é uma relação infantil e vingativa para com a vida. "Quando um não quer, dois não brigam" não é uma garantia de que a paz está em não responder, mas que o convocado a uma briga, sim, perceba que sua independência nunca foi confiscada! Somos autônomos sempre, e nunca devemos perceber que fomos levados a uma ação. Quem é levado a agir perdeu o livre-arbítrio. Carma é a ligação eterna entre ação e agente!

real

O que chamamos de real é apenas um estado, ou seja, não é o que é – mas tão somente o que se manifesta. E se criarmos condições para que esse estado seja reproduzido, ele se tornará ainda mais factual aos nossos olhos. E assim vamos criando categorias pragmáticas para comprovar o real por meio de motivações questionáveis, e construindo plataformas culturais que, por sua vez, cultuam essas postulações, tomando-as como base para outras asserções. Como numa Torre de Babel, vamos unindo fragmentos de maestria com a argamassa dos delírios e dos preconceitos para gerar fundamentos. Assim, na mesma medida que somos tendenciosos e seduzidos, a realidade é também distorcida. Resulta daí que ambas as ocorrências se dão: o ilusório parece real e o real parece ilusório!

reclamar

Além dos humanos, as "crianças" das demais espécies também sabem parar para "desreclamar". A reclamação é o incômodo com aquilo que sai errado, e uma das formas mais comuns de ingratidão. "Desreclamar" é se afetar, "se incomodar" com o bom. Mesmo os animais, quando adultos, são impactados pela responsabilidade de se manter vivos e desenvolvem, por assim dizer, a capacidade de se alienar no bom da normalidade! Do mesmo modo, a alegria das crianças não consegue ficar indiferente à delícia dos momentos em que as coisas vão bem. No entanto, é muito comum ficarmos com o registro de apenas uma parcela do que nos acontece... justamente a parte ruim!

Para isso, aliás, existem o canto e a dança! – frequentemente cantar e dançar são formas eficazes de "desreclamar".

redundância

O amor ama amar por puro pleonasmo. A redundância é o efeito daquilo que se retroalimenta. Quanto ao amor, ele é circular porque, mais do que amar o amado, ele ama amar. Ou seja, o objeto é o amor, mas o efeito de amar é o amável. Amamos amar porque esse é o sentimento da vida – o primeiro que aprendemos ao amarmos a nós mesmos. Aliás, amar o amor reacende o amor por si, nos fazendo reviver um arrebatamento por demasia e por exorbitância! Esse é o único excesso que é pleno, nunca se fazendo um exagero. E quando o excesso não é uma abundância, mas desprovido e carente, entendemos que o amar aumenta o desejo e a sede de amar. Vicioso, o amor ama amar o amor.

refazer

O passado não morreu. O passado continua vivo no presente. O que define a vida é a possibilidade de afetar, de impactar e de influenciar. Nesse sentido, o passado é vivo, ele pode ser refeito, ou seja: ele pode abalar o presente e moldá-lo por recuperação, reparação e retificação. Na verdade, a presença do passado é preponderante, porque é a totalidade de tudo apenas subtraída do presente. Poderíamos até propor que o presente é o refazer do passado; ou então a manifestação modificada do passado, ao ser impactado. Porém, ele não pode ser repetido, e experimentá-lo novamente, tal como se deu, é vedado justamente pelo "presente" – que já o modificou. O futuro, ao contrário, não pode influenciar o presente e não pode ser refeito, mas pode ser repetido. A transformação, então, é sempre sobre o passado. Ele é o único tempo em que algo realmente pode ser refeito, e a potência de refazer é muito maior do que a de repetir.

rejuvenescer

Enquanto o corpo envelhece, a alma rejuvenesce. No início, a alma se manifesta com a seriedade ancestral e atávica – é a sua parte sóbria e profunda, que percebemos ao olhar as crianças no fundo dos olhos. Porém, à medida que a vida avança, a alma se solta e desperta inspirada pelos vínculos e pelas belezas da vida, e vai "juvenescendo". Essa vida que parece reversa fomenta a fantasia de que a convergência de um corpo jovem e de uma alma jovem bem poderia ser possível. No entanto, uma coisa é o lastro da outra... A alma velha é o nosso cordão umbilical com o passado invisível, que nos antecede; a alma jovem, por sua vez, é, ao fim da nossa jornada, o cordão umbilical para outro tipo de nascimento.

relação

Se tudo que é criado numa relação pode ser consertado, por que vivemos tantos fracassos em nossos vínculos? A chave principal está na condicionalidade de permanecer em relação. O mais comum é que "os buracos" em nossa conexão nos afastem, e vamos perdendo a capacidade restaurativa porque a relação se enfraquece. Somos invadidos por pensamentos negativos e desconfiados cujo foco não está em sanar o dano ou a falha, e sim a própria relação, que é atacada. E, sem ela, qualquer poder de resgate e recuperação se desfaz. Os rasgos e as fissuras não são irredimíveis, mas para repará-los é preciso agulha e linha, algo que não é da ordem da fratura e sim do poder de cerzir que uniu desde o início. Não fique tão atento ao furo, mas à relação; é ela que tem o dom de costurar o coração.

relevância

A vida é uma constante luta para encontrarmos relevância no que fazemos. Nada é mais importante do que aquilo que estamos fazendo no momento porque, se não for assim, perdemos contato com a existência. Ser apaixonado e perfeccionista ao tratar nosso momento e interesse é a graça e o sentido de cada instante. Por outro lado, ao mesmo tempo que lutamos pelos detalhes e minúcias da vida, vale dizer que nada, em si, é tão importante! Podemos sempre abdicar de tudo porque, *a posteriori*, as coisas não valem um centavo pois nada nem ninguém é tão importante... A beleza da vida é sustentada pelo que importa, e a grandeza da vida, pelo desimportante. Ser e estar se mostram então antagônicos: "ser" é se importar e "estar" é se dar importância. Todo o sofrimento do mundo pode ser resumido à incapacidade de se importar e ao equívoco de se achar importante!

repentino

Ficamos incrédulos que o inesperado possa ocorrer e perdemos muito tempo tentando negar que o imprevisto é legítimo, como se sua improbabilidade o excluísse de ser parte da realidade. O mais importante diante do inesperado é tratá-lo como um fato que se impôs. Tal qual com o equívoco, para o qual a estratégia correta é assumi-lo e consertá-lo o mais prontamente, admitir o inesperado como o possível designado nos ajuda a reprogramar nossas ações e planejamentos e avançar no nosso caminho. E será ainda um bônus a percepção de que o imprevisto passará, a partir de então, a ser mais previsível!

resistência

O único antídoto à resistência é a persistência e, nesse caso específico, o antídoto tem a mesma natureza do veneno. Essa é uma matemática da natureza em que não é o negativo que anula o positivo, mas em que ambos, negativo e positivo, são dois iguais que se invalidam mutuamente. No caso, tanto a resistência quanto a persistência são formas estáticas em que o inerte de uma imobiliza o imóvel da outra. Nessa batalha sedentária, é a paralisia que se mostra como força atuante, uma espécie de inatividade pulsante e derradeira. É assim que o bloqueio é anulado: pela espera na dramaturgia silenciosa e congelada do embate entre dois iguais.

responsabilidade

O perigo está mais na incompetência do que no erro. Os erros podem acontecer na fricção entre as aptidões e a realidade, já a incompetência é uma relação interna entre imperícia e ignorância. Precisamos nos educar para qualificar nossos erros como equívocos. Caso contrário, há uma explosão de responsabilidade – no caso, nossa – por nossa inabilidade. Para evocarmos a não intenção de maneira justa, antes é preciso que tenhamos uma boa noção acerca de nossas próprias capacidades, até porque, caso não estejamos na "margem de erro", a responsabilidade é nossa, e nunca do acaso. Em outras palavras, muitas vezes o perdão só pode ser dado pelas estatísticas. Melhor, então, não dispormos do perdão para o que nos é imperdoável, e deixar para evocá-lo diante do imprevisível. O previsível, já sabemos, sempre gera culpa.

responsável

A atenção e a imaginação decolam na hora em que coisas mais triviais e frívolas estão em cena. É que para pensar de outra forma precisamos estar leves; quando há importância e peso em demasia, ficamos *"grounded"*, aterrados e aterrorizados pela responsabilidade. Isso porque o responsável pensa por experiências já vividas, tendendo assim a ser conservador. E conservar significa "melhor repetir os resultados do que se aventurar". Daí que todo voo é irresponsável porque, se fôssemos esperar pela "responsa", quer dizer, pela permissão de voar, ele simplesmente não viria! Para poder alçar voo, você tem que ser então "questionável", ou seja, nunca abrir mão de suas perguntas, em vez de "responsável", aferrando-se às respostas.

ressentimento

Ressentimentos são sentimentos recorrentes. O que dá autonomia para que essa emoção se apresente como um sentimento requentado do passado é a pessoalidade, porque o aval para a mágoa procede ao acharmos que tudo que nos acontece é pessoal. A humildade, por sua vez, é o contrário dessa ocupação excessiva de espaço; desse inflar-se achando que as coisas são todas sobre você. Quanto maior a superfície do espaço ocupado por sua pessoalidade, com mais frequência você servirá como alvo do ressentimento!

reto

Tudo o que é direto é positivo, e o tudo que é indireto é negativo – quando se está no campo da interação. Estamos falando da subjetividade, que é um recurso maravilhoso para a vida pessoal. Nela está a nascente da nossa imaginação e criatividade, a fonte da nossa flexibilidade e interpretação. No entanto, quando entramos no campo da interação com o outro ou com as coisas do mundo, o jogo de muitas possibilidades em que se pode ser enviesado ou lateral adentra a esfera da manipulação e do subliminal. Torna-se então evidente a natureza interesseira, ou seja, aquela que deseja influenciar condutas e resultados. Quando você estiver com o outro ou com a realidade, não seja indireto: no primeiro caso, isso ficará evidente (ou o outro irá perceber em algum momento); quanto ao mundo, então... o mundo cospe de volta na sua cara tudo o que não esteja no convite direto, reto, para dançar!

reunião

Diz o ditado que nunca se deve fazer reuniões na quarta-feira porque isso afeta dois fins de semana: o anterior com expectativa e o posterior com preocupação! O importante nesse dia de moderação é não perder o ímpeto, mas também não permitir que haja excesso de prudência.

Ou seja, não seja moderado em sua moderação, porque ela pode se transformar em mediocridade. Sei que o neutro pode se assemelhar ao simplório, mas não é assim! E a quarta pode querer influenciá-lo a que fique bonachão ou resignado – não permita! Há esperança! E ela se traduz temporalmente, amanhecendo como quinta-feira.

reverência

A ética não é exatamente uma razão. Pode-se chegar a elaborá-la pelo entendimento, porém sua natureza é a de uma reverência, uma reverência pela vida. A ética não é apenas uma compreensão, motivo pelo qual podemos concebê-la sem nos comprometermos com ela. A verdadeira ética é um respeito e uma homenagem à vida: ela entrelaça gratidão, engajamento e honra – algo como uma distinção. Concernente à ética, a reverência é então uma prioridade que não se pode relativizar e que penhora nossa consciência. Ensiná-la precede à moral, ao digno e ao probo. É ela que empenha nossa pessoa e nos educa. As tradições são muito mais importantes pela disseminação da reverência do que das próprias crenças. As crenças podem se modificar, mas a reverência é a mais estável referência!

reverso

De onde tiramos que as coisas têm que ser vistas a partir do padrão que estabelecemos? O mundo não atende apenas ao nosso desejo, ele é o somatório de todos os desejos e o que determina as orientações e os paradigmas da realidade. Então pode ser uma boa estratégia virar de cabeça para baixo, ou de dentro para fora, ou ao contrário para acolher o que é real. Porque são os seus modelos ou as suas referências que podem estar desorientadas. Ganhar essa flexibilidade oferece novas perspectivas. Tente, e o mundo parecerá menos errado, as coisas parecerão se integrar e combinar mais. A estranheza pode não estar fora, mas no ângulo pelo qual você a aborda!

rir

Que reação involuntária é essa de rir diante de uma verdade? Trata-se do riso reverberante que experimentamos ao ir ao pensamento e dele voltarmos percebendo nuances e detalhes da verdade. É algo similar, talvez, ao riso de uma piada que nos leva a perceber níveis distintos de significação – o tal do "entender a piada" – e nos arranca risadas! Rir é um espelhamento em que o personagem em nós vê implicações para si mesmo naquilo que enxerga. Diante de uma lição ou de uma verdade, portanto, sempre se instala esse leve constrangimento, como se fôssemos surpreendidos e expostos! Rir é um fenômeno da consciência de si. Todo riso é sobre si!

riso

Do ponto de vista da dramaturgia, o riso é mais grave do que a lágrima, porque esta última é uma função ligada à estrutura emocional. Já o riso é vinculado à estrutura intelectual, razão pela qual mais espécies são capazes de chorar do que de rir. O choro é relativo ao sistema sensorial, até mesmo no caso das plantas. E, se existe um equivalente à reação do choro na estrutura emocional do sorriso, torna-se então importante fazermos uma diferenciação entre o sorriso e o riso. O sorrir é reativo, já o rir é ativo; o primeiro é emocional, o segundo é analítico e questionador. É por isso que o riso está associado a elaborações intelectuais como a ironia, a metáfora e a estética. Reparem que é mais fácil simular o choro, a lágrima e o sorriso – evocando emoções – do que o riso, que requer uma construção mental e lógica! Quando rir, valorize a gravidade do que está produzindo!

risco (1)

Onde está o risco? No excesso de enfrentamento ou de fuga. O famoso dilema *fight or flight* – encarar ou correr – resume bem a área de risco. Ao contrário do que se pensa, o risco não é um perigo ou uma ameaça; o risco é vida demandando para ser vivida. As escolhas são a vida! E a afoiteza ou a timidez são as mais fatais causas de sinistros! Costumamos ver isso apenas na ousadia, e ensinamos nossos filhos a terem cuidado com ela. Porém, esquecemos de alertá-los sobre a timidez, que mata não por acidente, mas por marasmo. Cuidado com a indolência e com a estagnação! O "desviver" é tão letal quanto a extinção! O que nos leva a essa não percepção é que a extinção é mais imediata e inexorável do que o "desviver". No entanto, a persistência no "desviver" iguala o seu risco de mortandade ao da extinção!

risco (2)

Ficamos com medo de impactar a vida porque pode sair errado. E pode! No entanto, estamos aqui para tocar e encostar na vida. Os erros, com sua potência de ensinar e revelar, podem nos fazer mais sensíveis e menos alienados. Muitos dos nossos pecados são cometidos pelo medo de errar, de se expor. Mas nada na vida é garantido, desprovido de risco. Temos que escolhê-los e geri-los! Então fique atento, porque podemos terminar o jogo sem ter cometido nenhuma falta e mesmo assim perder! As janelas não quebradas do comportamento exemplar sempre cobram a conta! É bom saber que, para além da alegria dos nossos acertos, contamos também com a potência dos nossos erros. Aproveite!

ritmo

O silêncio entre os sons cria ritmo, porque o ritmo é a pulsação que traz tempo às coisas. Somos seres temporais, assim como os peixes são seres aquáticos. Essa é a razão de nos identificarmos tanto com o ritmo, já que ele representa as vibrações da vida (o coração, aliás, bate e para com o intuito de, justamente, se encaixar no andamento da vida). O mais misterioso, no entanto, é a natureza do silêncio, que não é um vazio, mas uma expectativa. Sua calmaria pressente o momento sequencialmente e estabelece uma espera que gera a cadência da vida – que, por sua vez, é um eterno presente se jogando ao momento futuro. E isso nós poucas vezes reconhecemos, pois o agora não é só a presença; o agora aspira e estima algo que ainda não aconteceu. Essa é a percepção de ritmo no instante: o agora é composto do ruidoso presente e também do silencioso afã do que está por vir!

ritual

A preparação do ritual é em si o ritual. Todo ritual é uma intenção e, como tal, se materializa em seu pretender e em seu planejar. Tal como uma devoção ou um fervor, não é o ato em si que o configura, mas a disposição e a vontade. Isso é típico do ato de servir, em que a antecipação é a recompensa, e não o benefício próprio. Por isso, os rituais são repetitivos... porque não são apenas para realizar algo, mas para reviver um sentimento de valia e de função. De certo modo, é semelhante ao sentimento de se preparar para sair com o amado, quando a preparação e a antecipação são mais eróticos do que o encontro em si!

romper

A verdadeira arte não serve para retratar ou representar. A arte é um martelo, um recurso para fender e despedaçar padrões e doutrinas. É um dos mais elevados expedientes críticos, porque ela não convence pela via da norma ou da aparência, mas expondo essências e âmagos. Assim sendo, toda arte começa destruindo, desmontando ou derretendo. Não é uma condenação a nada, a não ser ao que é regulado e normatizado. Vale dizer que esse princípio anárquico não termina no caos porque nele há um compromisso poético com a esperança e com novos caminhos. Não se trata, portanto, de destruir pontes, mas de revelar seu desuso: elas não conectam mais nada com nada. "Des-a-pontar", apontando em outra direção e outra margem – eis o que a arte faz.

rotina

A rotina não é uma mera repetição, é uma reincidência. Não é o mesmo que incomoda, mas a experiência idêntica. O viver é instantâneo e requer novidades para se temporalizar. Não há por que viver o mesmo, e cada instante da vida deveria ser diferente e único. A realidade é feita de exceções; não há padrão, mas desvio a cada instante. Existir num corpo requer originalidade e inovação constante, já que o hábito é sinônimo de traje, de vestimenta. Na rotina, perdemos o corpo e viramos a roupa, a farda do esperado, do previsível. Mas a essência da vida é o acidente, o inesperado e o imprevisto – razão pela qual a exceção é a regra! Nunca somos o que éramos e nossa presença é para sempre o inusitado. Não se renovar através da exceção: isso sim é fatal!

S

sabedoria

Não confundir "saber" e "sabedoria". A sabedoria não é conhecimento e tampouco é mental – ela é imaterial. Tudo na vida que não é utilitário representa a sabedoria, e o que denominamos aqui como material é o que está associado à função e à serventia. Nada disso pode nutrir a alma, porque ela tem a natureza de uma motivação e não de uma função. Portanto, a utilidade e a aplicabilidade do saber não nutrem a alma, e o que ela deriva da sabedoria é o mel etéreo de sua retidão.

saber

Quem mais se machuca é quem sabe esquiar! O saber é o que nos coloca mais contundentemente em perigo. É claro que não saber é uma desvantagem, mas o fato é que essa condição – a do não saber – aciona o modo precaução e alerta. Quando sabemos, ao contrário, nos tornamos mais propensos ao risco, e os prejuízos se tornam exponenciais. Não se trata, aqui, de ode ou elogio ao desconhecimento, mas de um chamado à responsabilidade de saber; porque não há segurança em saber, a não ser que se esteja sob a constante averiguação daquilo que não se sabe. Aprenda a ficar cuidadoso com o que você sabe, ao invés de relaxar, como se o saber fosse uma conquista definitiva e final.

sabor

O saber é um sabor porque é uma experiência de saborear a essência de algo. No entanto, ele não se constitui apenas de paladar. O prazer gustativo é apenas um meio para provocar a nutrição dos seres vivos; seu objetivo final é degustar. Muitas pessoas se esquecem disso e ficam atrás apenas da experiência de gargarejar, isto é, da experiência do prazer gustativo. Além de acabarem desnutridas, ficam também ridículas com a erudição, regurgitando na superfície, mas sem nada absorver. E a internet, essa nossa querida rede, é mestra nesses saberes gargarejados!

sagrado

Imaginemos que alguém tenha dito que a vida é como uma doença fatal sexualmente transmitida. Isso nos possibilitaria ter perspectivas muito bizarras sobre um mesmo fenômeno. Imagine que possamos tirar conclusões sobre a morte com a mesma falta de sensibilidade e escárnio, como nessa proposta sobre a vida! Não podemos deixar o sagrado de fora das nossas perspectivas. Onde está o sagrado no morrer, no encerrar do mandato de uma vida? Pois imaginar que seja um final, um desvanecer que se extingue, é imaginar a vida como uma doença terminal. Essa concepção de algo que é varrido e deletado provém de um olhar mundano e profano para com a morte e para com a vida. A vida, a morte e a sexualidade não devem ser tratadas com pudor e embaraço. Tudo que diz respeito à vida é santificado e investido de transcendência. Nunca troque o puro pelo pudor; o santo pelo trivial.

saída

A melhor saída nunca é fugir ou postergar, mas atravessar! Igual a quando uma onda se levanta ao fundo, em que a melhor resolução é mergulhar e atravessá-la, ao invés de levar um "caixote". Porém, sempre somos tentados pela outra saída, ou seja, a de evitar e se afastar. Não tente passar por cima, por baixo ou pelo lado – em todas essas opções, você vai levar um caldo! E há sempre quem sugira surfar... mas surfar não é para novatos. Só quem já atravessou muitas vezes – e sabe que essa é a saída – pode ousar um dia surfar!

sal

Se a água é o solvente universal, a água salgada é o solucionador universal. Seja pelo que pode ser resolvido com suor, pelo trabalho que realiza milagres e possibilita o que até então era impossível; seja pelas lágrimas que traduzem em emoção as experiências da sensibilidade que vão da alegria à tristeza; seja, ainda, pela água do mar que purifica a alma na qualidade de único líquido amniótico disponível na natureza: toda resolução é um ato de zerar, um fechamento de algo que até então estava em aberto. Se for físico é pela água salgada do trabalho; se for emocional é pela água salgada do pranto; e se for espiritual é pela ablução que renova e sacraliza. Quando você encontrar alguém com problemas, recomende a ele esse xarope-elixir que Deus nos deixou para emergências.

segunda

Mesmo para aqueles que gostam das segundas-feiras pelo fato de, com elas, retomarem o mundo produtivo, há sempre ainda o mistério de como o domingo pode se derreter assim numa segunda! Porque não há como fugir da ruptura do despertador, do levantar ditado pelo ritmo biológico. E o sonho do domingo, misturado a esse sonho interrompido, se parece mesmo com um dissolver e um liquefazer típicos da mudança de "estado" – como a mudança do sólido para o líquido. Ou seria o contrário? Não... acho que é do sólido do sorvete para o líquido, para a fluidez que nos escapa. Destituído do tempo, o líquido é então o nosso patrão e faz da duração o que bem entende. Por sua vez, o biológico – comer e ir ao banheiro – fica a critério dos eventos e das contingências. Bem-vindo ao mundo civilizado das continências!

semelhanças

A alteridade, o outro, é composto de semelhanças e diferenças. Com as semelhanças, nos identificamos e comungamos. Em relação às diferenças, podemos estranhá-las e rejeitá-las ou aprender com elas. O grande equívoco (e o pior assédio à alteridade) é querer celebrar semelhanças e compartilhar diferenças. Celebrar as semelhanças é o que ocorre nas redes, quando as utilizamos com o único fim de colonizar os demais, que são diferentes. Compartilhar as diferenças, por sua vez, é o ato de querer convencer, ou seja, quando queremos catequizar o diferente trazendo-o para a nossa zona de semelhança. Não se equivoque trocando os verbos compartilhar e celebrar; essa é a diferença entre a paz e a guerra. Somos à imagem e semelhança de Deus, porém à imagem e dessemelhança entre os humanos!

sempre

Os "agoras" que perfazem o sempre não são os nanossegundos dos relógios. Sabe quando, ao acordar, estamos entre o sono e a vigília e somos invadidos por um relaxamento que talvez não seja apenas descanso, mas sim um deleite originado de desobrigada indiferença? E então podemos sentir o aroma-névoa do sempre? Tal como o cheiro da chuva, que é efêmero e dura pouco, mas nele se pode intuir a longa trilha que leva ao sempre? Pois bem. Sua propriedade é a continuidade (distinta do rachar e quebrar dos instantes que, solitários, estão cortados um do outro). Em tal continuidade não há passagem entre os instantes, só o brevíssimo roçar, tocar e se dissolver um no outro. Se durassem uma brevidade a mais, viveríamos a experiência do sempre, mesmo que em tempo limitado. Talvez essa tenha sido a experiência no paraíso; não a imortalidade de não morrer, mas o deslizar pelo sempre, sem rumo e sem passado... quanto ao futuro, apenas uma paisagem.

sentir

Pensar é um ato, uma obra em construção para a qual há trabalho e resultado. Já o sentir é um fato ou um feito já ocorrido, já experimentado. Um ato dispõe sempre da flexibilidade de ser emendado e criticado. Um fato, por sua vez, é uma constante inalterável e invariável. O sentir é um registro passado que se mostra irrefutável, indubitável. É a bolha onde vivemos a percepção do nosso sujeito, uma pele maior que o tato, um roçar antes mesmo de um contato. Dentro dessa realidade do sentir é que se localiza o corpo do pensar formado por identidades e razões. O pensar está circunscrito ao sentir, pode sim persuadi-lo ou influenciá-lo, mas sempre *a posteriori*. O sentir é nossa conversa com o mundo; o pensar é nossa conversa conosco.

ser

Ser quem somos não é opcional: não há outro para se ser. Muitas vezes, para agradar ou ter a aprovação do outro, imaginamos que seja possível sermos outra pessoa. Ter clareza dessa fidelidade não é tão simples! Pois a vergonha, a timidez e o desejo de aprovação demonstram que perdemos a clareza. Por isso, é importante manter exercícios constantes para reafirmar que não temos outra pessoa para ser! Só assim teremos a clareza e a coragem para bancar com naturalidade quem de fato somos! E quando você ocupa o seu lugar e assume a si mesmo, também ajuda o outro a ser quem ele é. Talvez seja isso que tanto incomoda o outro – se sentir coagido a ser ele mesmo!

seriedade

O sério e o cômico andam juntos. Meu pai, certa vez, teve um acesso de riso num velório e, do incidente, veio a descobrir que isso não é incomum. Eu mesmo poderia escrever um livro só com episódios cômicos em enterros ou em outros momentos solenes! Essa reação se deve às intrínsecas conexões entre nervos e sinapses diante de fortes emoções, e também às reações humanas que se dão entre o seu interior e o exterior. Claro que o luto é um sentimento profundo que merece ser respeitado! Só não podemos determinar que o sentimento mais apropriado para o luto, assim como a melhor forma de honrar o falecido, seja ditado pelo olhar dos outros. Então, melhor viver o luto pela gratidão! Luto é um sentimento pessoal e não uma formalidade social para com o falecido. A saudade, portanto, não é minha, voltada para mim, mas do outro! Uma coisa é falta, outra é tributo! E rir é sempre uma forma muito séria de homenagear.

sexta (1)

Sexta é a percepção de resiliência e de recompensa por disciplina e investimento. Só existe sexta-feira para o ser humano. Existem as "espécies cigarras", para quem todos os dias são dias de festa e de repouso e, de acordo com o seu esforço, o seu quinhão. E existem as "espécies formigas", que trabalham sem parar, e que também têm o retorno que lhes é adequado. A primeira prioriza o indivíduo e o momento; a segunda, o coletivo e o longo prazo. Só o ser humano fez um *mix* de cigarra com formiga, e sexta é essa fronteira. Desfrute do fim de semana com seu soldo de disciplina e investimento!

sexta (2)

A sexta à noite é um chamado ao lírico e ao apaixonado. É a saída da prosa da semana para o poético do tempo não ordenado. E o tempo da mente cede ao tempo do coração. E a paixão e o arrebatamento se libertam do labor, com seu comedimento e sua sobriedade. E a disciplina dá lugar ao onírico e a austeridade, ao otimismo. Os sonhos e as utopias se fazem mais reais do que a segurança e o conforto. E reencontramos um complemento de nós mesmos, despertos para uma integridade que reúne e unifica. De alma mais robusta, as dualidades e as ambiguidades se dissolvem em singularidade e podemos reencontrar a nós mesmos em estado puro!

silêncio

Podemos tratar o silêncio de muitas maneiras. A ideia de que ele seja desprovido de posse e de que o seu silêncio possa parecer meu, porém, é muito potente. Vínculos e encontros ocorrem nos espaços desocupados, onde a ausência é um convite para o encaixe. É por esse vazio, por esse vago, que nos sentimos requisitados. A língua dos humanos e até mesmo a língua dos anjos não alcançam tamanha grandeza, porque até o mais sublime sentido das palavras é uma forma de se apoderar, uma forma de invasão. O silêncio, de sua parte, é sem dono e, por substância, é livre e desabitado, abrangendo para além de um sujeito ou interlocutor. E quando o seu silêncio me habita, me desintoxico de mim, recheado de nada e nostalgia!

simetria

Supervalorizamos o equilíbrio assim como veneramos a simetria. Talvez seja pela fixação que temos pela ordem, como se a regra e a regularidade pudessem nos salvar do aleatório e do inesperado. Porém, processos e possibilidades se originam justamente do desequilíbrio que catalisa e põe a realidade em movimento e transformação.

A instabilidade e a assimetria, dessa forma, são muito mais ricas e criativas do que seus contrários, porque elas estão sempre inventando e inaugurando. Tudo, da genética à História, são perturbações e instabilidades que manifestam e fazem acontecer coisas e situações. A flutuação, a impermanência, a variação, as inconstâncias e as fragilidades são a essência do universo.

simples

O simples requer um nível de verdade e de universalidade que não é fácil atender. Em geral, pensamos que o simples é ínfimo ou fragmentado, mas, na verdade, é grande e geral. O complexo é que é pontual e segmentado; é o complicado que é sinuoso e, por isso, raramente se encaixa na realidade. O complicado é obcecado pelo detalhe e não responde ao total. É exatamente por preguiça e intimidação que buscamos o complexo. Respire fundo, ganhe fôlego e procure o simples, pois, além de ter mais serventia, frequenta os lugares mais alegres!

simplicidade

O simples é glorioso porque sua objetividade é heroica, triunfante! O fato de ser direto, de não recorrer a correções e acertos, faz do simples um *hole-in-one,* o movimento em que o golfista acerta o buraco com uma única tacada. A estética do simples é sublime e brilhante. O simples é elementar e despretensioso. Diferente do complexo, que já nasce afetado, o simples é informal e íntegro. O complicado é inquieto e ruidoso, enquanto o simples é tranquilo e sóbrio. Para chegar ao simples, é preciso um compromisso com ele desde o início. O simples não permite segundas intenções e olhares tangentes, que não sejam de foco. Portanto, o simples está diretamente conectado à intenção. É de sua pureza impoluta que nasce a precisão!

sinceridade

O corpo é um sujeito maior do que a nossa identidade. Há coisas que o corpo diz que são independentes e involuntárias, e que se originam de uma soberania própria. Quantas vezes a pessoa não está dizendo algo, e seu corpo a está desdizendo? É muito comum! Porém, para além da "insubordinação", o corpo tem mais recursos e plasticidade para dizer do que as palavras organizadas pela mente. O corpo é uma grande unidade sensorial e, como tal, reage e comunica. Por isso, queremos tanto observar vídeos ou fotos que capturaram o nosso reflexo e conduta... Porque nos surpreende o que o nosso corpo diz e comunica de forma independente. Sinceridade é a sincronia de corpo e fala, dizendo a mesma coisa!

sinfonia

A vida é uma sinfonia. Não há como conceber a obra a partir da partitura de um único instrumento. A combinação de naturezas – cordas, sopros e percussão –, de andamentos de tempos e emoções, de notas de estrutura e inspiração, e de harmonias de conjuntos e arranjos perfazem a composição. As partes de um todo são sempre uma miragem. Não existem partes, tudo é inteiro e integral. Quem tentar decompor verá pedaços mortos, que não correspondem ao todo. As partes reunidas nunca constituirão a obra porque a concepção foi baseada na totalidade. Apreciar está sempre associado a perceber a estrutura do todo que organiza e rege todas as partes!

sobre-humano

Quando você se pegar não admitindo um erro, aproveite a oportunidade para perceber que há algo a mais no contexto que está para além da sua opinião: há, também, um jogo de poder e manipulação presente na teoria. Não se trata, portanto, de um pensamento, mas da disseminação de informação falsa para manobrar e influenciar o outro. Um pensamento feito de ideias e conceitos é fácil de se admitir como errado, e pode até ser prazeroso corrigi-lo! O que é muito difícil é admitir que você não quer perder para o outro, seja poder ou posição! Transcender essa segunda intenção é que é sobre-humano. Porém, na mesma proporção dessa dificuldade, há também a recompensa do crescimento e do avanço pessoal que se consegue admitindo as faltas! Nas medidas do que é humano, aí está uma oportunidade de ser sobre-humano!

sobrevivência

O contrário do ódio é a serenidade, não é o amor. O contrário do amor é o medo. O amor é uma atração que aproxima; o medo, uma repulsão que afasta. Os dois são instintos profundos de sobrevivência: o amor é vertical porque está intrincado à necessidade de reprodução e de conservar-se para além de si; o medo é horizontal e relativo a manter-se a si mesmo. Em essência, sua natureza é semelhante, apesar de oposta. Isso se manifesta bastante na intensidade, mas principalmente em sua qualidade passional. Em estado fluido e líquido, essa emoção é amorosa; em estado sólido, ela é temerosa. É preciso certa candura e calidez para que o amor não se solidifique em medo. O terror, por exemplo, semeia o medo cônscio de que é um antídoto ao amor. Porém, o que se consegue por medo é temporário, uma bolha a estourar.

sobreviver

Com todo o desdém que a sobrevivência sofre por frases do tipo "quero viver e não apenas sobreviver", ela merece um reconhecimento. Sobreviver é uma senhora conquista diante de todos os desafios. Deveríamos, todos os dias, somar à nossa autoestima e dignidade o fato de acordarmos sobreviventes. Cuidar-se e manter-se é uma tarefa constante e fundamental; e se você a executa a contento, há muito para celebrar. Verdade que essa sobrevivência pede para conservar-se não apenas fisicamente, mas também emocional, intelectual e espiritualmente. E se você sobrevive nessas três outras áreas, isso não é pouca coisa. O tal viver é exatamente saber gerir suas sobrevivências nesses quatro planos.

solitude

O verdadeiro antônimo da solidão é a solitude! A solitude é um estado de privacidade que converge para nós, e percebemos presença e acompanhamento. O isolamento e a reclusão voluntária da solitude não são antissociais, muito pelo contrário. O indivíduo fortalecido e vicejante fomenta as relações, ao invés de rejeitá-las. É justamente porque a solitude alimenta o "eu" das interações interpessoais do "eu-tu" que ela é tão potencial e incubadora. A alegria de contar consigo mesmo e de inserir-se na operação do viver nos inspira e replena. Trata-se da autonomia de apropriar-se de si mesmo, de ocupar-se como no deleite de quem se espraia no leito de um lençol de milhões de fios. São os fios de alma que se espalham e ramificam pelo corpo. A solitude é a manifestação do poder do encontro e da conexão. É a esperança de ter a si para experimentar a todos e a tudo.

sombras

Quando não cuidamos e tratamos algumas das nossas sombras, elas se robustecem e vão se incorporando à nossa personalidade. E ficar parecido com as sombras, em vez de liderar esse processo natural em que elas se parecem com a gente, é a definição de pesadelo. Aliás, não é incomum durante os sonhos a ocorrência do tema da aflição em que "as sombras" se apoderam da nossa alma. Nada que requeira exorcismo! – mas é muito duro ver que áreas desleixadas da vida ganham presença e traços marcantes na nossa personalidade. Os pesadelos, em nós, são fruto das reações da nossa própria alma e essência à ingerência das sombras sobre o nosso caráter. Antes de temermos a inteligência artificial, deveríamos temer as sombras artificiais, bem como sua aspiração de sermos nós a sua projeção!

sono

Temos dificuldade em lidar com os sonhos. Seu habitat natural é onírico: no torpor dos sonos e dos devaneios. E os sonhos não são metafóricos; são literais! Razão pela qual, ao acordarmos, a melhor forma de retê-los é descrevê-los. Sonhos se prestam à descrição e não à interpretação. Elucidar um sonho é matá-lo! Tente descrever o sonho, passo a passo, e ele não evaporará. O mesmo com sonhos--aspiração. Viva o sonho em sua potência, descreva-o e reconheça-o. Só então, desperto, poderá aplicá-lo à vida. A arte de integrar sonho e vigília é não acordar antes do sonho se fazer manifesto e não ficar dormindo logo após se revelar.

sorte (1)

A sorte é o elemento que muda tudo, e o mais surpreendente é que ela é a mesma quando nos faz atravessar a rua ou quando não nos deixa fazê-lo! Em casos assim, tendemos a achar que existem duas sortes: a que atravessa a rua e a que não atravessa. Damos até nomes diferentes à sorte e à não sorte (não menciono em respeito aos supersticiosos!). Porém, é sempre a mesma sorte que é aplicada, seja um instante antes, seja depois; ou um centímetro a mais ou a menos. Outro equívoco é acreditar que ela acompanha algum mérito. Não acompanha. A sorte é o encontro com a realidade; ela deixa você seguir para atravessar o mundo com a mesma lógica com que não lhe permite atravessar a rua. A sorte, a sorte mesmo, é aleatória por definição. Esse pensar pode fazer a realidade parecer tão depravada quanto afrodisíaca!

sorte (2)

Os momentos em que mais precisamos de sorte são quando vivemos um infortúnio. Ter sorte no azar é uma bênção, porque é uma forma de neutralizar o revés – como um antídoto. E se é uma bênção anular um compensando o outro, fica provado que a normalidade é uma dádiva sagrada. Mas só entendemos mesmo a sorte quando não está acontecendo nada demais, quando estamos na normalidade. Não seria então a sorte pura a maior aspiração? A sorte nos anestesia para a grandeza do ordinário e nos faz adictos de facilidade e privilégio. O azar na sorte nos desperta para o quão incrível é comum e trivial. Sorte e azar se atraem e vivem juntos! Viva o corriqueiro!

subjetivo

Qualquer ser humano, para preservar o próprio senso crítico, deve conhecer o grau de distorção que nossa subjetividade produz. Subjetivo quer dizer algo que não é objetivo, e que está submetido às forças de nossa pessoalidade. Quase nada (ou talvez nada!) é pessoal. Mas nós juramos que é porque experimentamos a vida "calçados em nossos sapatos". Remova-os e a realidade se reconstituirá de forma muito diferente. Um exercício louco é imaginar um lugar sem a força centrípeta de nosso "eu". Fique atento às emoções da rejeição e da indiferença porque elas, via de regra, são distorções – não as tome como norma! Para identificar um verdadeiro egoísta, provavelmente você terá que ter sido um também! Quem tem "espírito fechado" passa ao largo desses sentimentos. Claro, isso vale para si! Porém, se você vê alguém sendo egoísta para com o outro, pode ter certeza: você está certo!

subliminar

Quanto mais subliminar nossa maldade, mais maliciosa ela é! A inveja mais perniciosa é aquela em que você nem quer o que o outro tem, mas apenas que o outro não tenha. Outra forma silenciosa de inveja é fazer pouco do que os outros têm ou alcançam. Aqui o objeto também não é ter, mas simplesmente desvalorizar para o outro não ter. Para reduzirmos nossas emoções negativas desde a raiz, é fundamental reconhecê-las em sua forma subconsciente. E não é simples identificar o "sub", isso demanda descer às catacumbas de nossas emoções.

sujeito

"Ser você mesmo" não é um valor *de per si*. Queremos honrar a nossa individualidade e a nossa pessoalidade, mas na realidade somos seres críticos... Críticos não no sentido de ser repressor e de censurar, mas no sentido de ser questionador e escrupuloso. Muitas das vezes em que somos nós mesmos acabamos não nos representando, e é o corretor embutido em nós que melhor retrata a nossa identidade. Não há um ser, há um sendo na dimensão crítica. O conselho para "não ser você mesmo", no entanto, só pode advir de sua própria consciência, e nunca de outro indivíduo ou de alguma circunstância. A ideia de que somos um personagem fixo, e de que é ele o legítimo sujeito em nós, é uma fantasia. Nos conhecemos a cada momento e, exatamente por isso, nem sempre nos reconhecemos. Desconfie quando estiver se reconhecendo constantemente!

superfície

A superfície não é superficial. Toda arte precisa de superfície para abranger o simbólico. É na superfície que ocorre a pele, a membrana que diferencia e limita. Todas as formas são feitas de superfícies, e elas não são vazias ou rasas. Pelo contrário, as superfícies são profundas porque evocam o interior e barram o exterior. A imagem de como a gota é absorvida gradativamente por beijos entre superfícies que engolem e sorvem uma à outra oferece a profundeza do interior.

O que chamamos de simbólico, isto é, o que não é concreto ou evidente, depende dessa delgada divisa que revela o intrínseco. A religião e a ciência operam como se a essência fosse a mãe da forma; a arte assume o contrário.

supérfluo

O supérfluo como imprescindível não é uma contradição, mas um aspecto da alegria. Assim como o detalhe pode ser fundamental; o inútil pode ser relevante; e o ocioso pode ser produtivo, o supérfluo, como um ornamento, pode trazer graça e leveza. A brincadeira, o flanar, a distração e o ócio trazem elegância e espírito à vida. Assim como o vazio, a pausa e o silêncio são elementos da harmonia, também o supérfluo pode trazer sentido e charme à vida. Sabemos isso pela sobremesa – um dos mais essenciais supérfluos!

T

talento

O grande perigo de um talento é que ele não existe sem um contexto. Exatamente por termos uma aptidão, esse pode ser o nosso ponto fraco, pois a expectativa da excelência nos faz relaxar e negligenciar que algum senso de estratégia inconsciente possa estar, justamente, considerando essa nossa fraqueza, ou seja, a de querer recorrer tão facilmente ao talento. Por isso, checar resultados é sempre uma confirmação indispensável; e quanto mais orgulhosos de nossa habilidade, menos propensos estaremos a aceitar esses resultados. A recorrência de uma eficiência, portanto, pode ser tão perigosa quanto a de uma imperfeição. O sucesso é então o encontro da capacidade com a circunstância. Não confunda o dom – que é uma tática – com uma estratégia.

tapar

Feche os olhos e veja; feche a boca e diga; deixe de ouvir e escute! Esquecemos que nossos sentidos são filtros e que, portanto, funcionam selecionando e restringindo. Assim, os olhos e os ouvidos percebem apenas dentro de uma faixa e de um intervalo específicos: muito ou quase tudo fica de fora justamente para que se possa processar a leitura básica da realidade necessária à sobrevivência. Há muito mais para além de nossos sentidos... Quando aprendemos isso, começamos a entender a razão de ser das pálpebras e do fechar da boca! Diz o folclore, inclusive, que até os dedos indicadores foram confeccionados para se encaixarem nos ouvidos e tapá-los. Saber quando fechar os olhos para ver o invisível, ou quando calar a boca para expressar o indizível, ou quando deixar de ouvir para auscultar as vibrações do inaudível – esse é o refinamento de apreciar o imperceptível.

tarefa

A questão não é a sobrecarga de tarefas, mas a incapacidade que temos de filtrar e delegar. A decisão do que "não fazer" é talvez mais importante que a do que fazer. "Não fazer" é o contexto de todo "fazer", seja na ação ou na fala, que é uma ação invisível. A passividade se aplica apenas quando a "não ação" é irrefletida ou reativa. "Não agir" demanda coragem e a força da autorrestrição. Não assumir, por sua vez, demanda estratégia e a faculdade do foco. Prolifera a ilusão de que carregar e acumular nos empodera de controle e mando, quando a potência está no oposto: na leveza e na ausência de passivos. A inteligência é uma competência de filtragem e não de acervo; de interação e não de armazenagem. Comece por eliminar o prescindível e o redundante, e irá conhecer a eficácia e a impulsão de estar leve.

tecnologia

Os riscos que corremos provêm das inúmeras vezes em que acreditamos saber algo que não sabemos. Alta tecnologia é saber exatamente o que se está fazendo. Hoje em dia usamos tantos apetrechos que não conhecemos; e nos colocamos em tantas situações que não entendemos, que os riscos estão aumentando exponencialmente. No fundo, o mundo de hoje tem baixa tecnologia, porque estamos sabendo cada vez menos o que estamos fazendo. O clima, a sociedade e tantas outras coisas que vêm sendo impactadas por nossas escolhas não estão seguindo padrões de saber e sabedoria; e os riscos só aumentando! Não exagere fazendo o que não sabe, porque as chances de dar errado se tornam um desígnio!

tédio

O tédio é a falência criativa! A curiosidade, a arte, o brincar e o interagir são tão múltiplos que mesmo a um longevo não é possível esgotar a autodiversidade e a autoinovação. A consciência é uma companhia para a vida toda! Um ser humano nunca está sozinho porque nele habita, além de si mesmo, a percepção de si mesmo. Então vivemos jogando e conversando conosco mesmos. Não há silêncio e não há monólogo a ponto de precisarmos meditar para nos livrarmos de nós mesmos. É possível que o tédio advenha de você estar brigando consigo mesmo, razão pela qual não lhe aparece o tal amigo imaginário que tornaria qualquer momento uma farra. Faça as pazes consigo mesmo e o tédio será escorraçado por uma avalanche de ideias e propostas. Somos tão "tico e teco" que inventamos para nós um corpo e uma alma! Tanto a solidão quanto a companhia podem ser uma questão. Quando estar só é um infortúnio, experimentamos a sensação de desolação e devastação; quando o acompanhamento é o infortúnio, vivemos opressão e abuso.

telas

A televisão e todos os derivativos de telas que têm a função de divertir e ocupar o tempo são chicletes para os olhos. O que é um chiclete? É algo que começa com a aparência de um alimento, já que tem sabor e requer mastigação, mas que não pode ser engolido e não nutre. A televisão faz a mesma coisa: se pretende algo interessante, e os nossos olhos focam e desfocam um ruminar visual. Não há conteúdo e nada sustenta a lucidez. As séries então... essas são como tentar sustentar o gosto do chiclete enchendo a boca com três ou quatro ao mesmo tempo, na expectativa de que isso vá suster o gosto! O que ocorre, no entanto, para além de uma extensão efêmera do efeito, é que ficamos deglutindo infindavelmente algo emborrachado e inócuo. E de episódio em episódio, de temporada em temporada, o gosto vem e vai, e logo ficamos com o gosto de nosso próprio hálito e um tremendo cansaço na mandíbula da alma!

temor

O temor difere do medo. O medo é um recurso de proteção e está associado a algo real e do momento. O temor é um sentimento antecipatório e imaginário. Frequentemente, o temor está associado a coisas relevantes e essenciais da vida. Daí a sugestão de, diante de um temor, perceber importâncias e agir vencendo a paralisia. O medo tem a ver com "não fazer", o temor tem a ver com "fazer". Daí a natureza do "temor a Deus", que não é um receio, mas uma reverência. Não é para fugir, mas para fazer!

temperança

Muitas emoções são concebidas para temperar uma à outra. A instabilidade e o acidental são tão inerentes à vida que as emoções não poderiam ser elaboradas sem ajustes e sintonias finas. Então, a gestão é como na culinária: pitadas disso e daquilo até encontrar a mão certa. A gestão nunca é *a priori* ou previsível, e depende sempre das interações e do momento para encontrar a proporção exata. Daí que o medo é inimigo da curiosidade. Um é contido pelo outro e, dessa oposição, nos beneficiamos. O excesso de medo sufoca a curiosidade, e o exagero de curiosidade nos expõe a perigos. O balanceamento entre opostos é o recurso mais apurado de que dispomos. Do antagonismo e da dissensão extraímos o juízo!

tempero

O estranho é como um tempero ao belo. Quando não há tempero, tudo fica ensosso; quando há excesso, é intragável! Os detalhes são a essência do belo, mas não o são pela qualidade da minúcia e do fragmento, e sim pelo destoar e apresentar resistência ao esperado através do estranhamento. Perpassar o previsível e abrir uma nova dimensão na surpresa e no ineditismo são as qualidades do detalhe. Assim sendo, o detalhe é uma manifestação do estranhamento. Tempere seu trabalho e sua vida com o invulgar e o exótico, e encante o mundo com sua singularidade!

tempo (1)

Fizemos da passagem do tempo uma tragédia, quando ela é apenas uma narrativa. Tempo não é dinheiro para que se possa guardar, gastar ou economizar. Esse conceito econômico do escoamento do tempo como um gotejar torturante da ampulheta da morte o torna um carrasco, um adversário. O tempo é um parceiro de viagem, a brisa do deslocamento de nosso amadurecimento. Ele não é responsável pelo fim, mas o meio para todos os começos!

tempo (2)

Durante a pandemia, escrevi um texto intitulado "Amangonhecer", porque acompanhei o tempo de amadurecimento de uma mangueira na minha casa. Percebi um tempo que é regulado organicamente, diferente dos tempos das referências, tais como horas, dias ou meses. Processos não são regulados pelas físicas do tempo, mas pelo físico daquilo que existe. Esse tempo processual é que amanhece todos os amanheceres. A rotação da Terra faz clarear todos os dias, mas cada um deles é amanhecido numa experiência única de nossa consciência. Assim como nos sonhos ficamos à mercê do involuntário, também ao despertar nos deparamos com o som – seja o de um pássaro ou o que o "mundo das coisas que existem" coloca diante de nós. Aprenda a perceber as coisas que diariamente te amanhecem!

ter

"Melhor ter e não precisar, do que precisar e não ter!", dizia Kafka. Essa frase é uma verdade universal para tudo o que é orgânico. Diria o sonhador que o melhor é "não precisar", e diria o ecologista que melhor seria "não ter". O primeiro está sonhando, o segundo está certo. Para isso, o dinheiro foi criado, ou seja, para que "ter sem necessitar" não cause desperdício. Por ser virtual, o dinheiro em si não dilapida o mundo. No entanto, exatamente por atender a um anseio e não produzir fastio, ele é viciante. Assim, desequilibra relações por meio da desigualdade e, indiretamente, desperdiça por excesso e esbanjamento. Um remédio com graves efeitos colaterais, como a injustiça e a perversão.

terça

Terça tem que ser um dia de cordas, e da mais rotineira – o violão. Aumentativo de viola, ele é antigo porque, desde muito cedo, os humanos perceberam que uma corda esticada, se puxada e solta, produzia som. A terça é meio assim... puxada, esticada na semana, mas tem som próprio! Um de seus méritos é já não ser mais uma segunda-feira, permitindo-nos avançar na semana sem disrupção. E, do chacoalhar que é a segunda, entramos numa serenidade que é um pasmo-marasmo de aquietação. Terça não tem nada que a distinga, e é isso que a particulariza – um singular inespecífico. Sabe quando estamos em clima de pouca expectativa? Pois é aí que, diante da segunda, terça ganha todo o seu charme: ela não é a luz no final do túnel, mas também não é a escuridão de se entrar nele!

E outra: nada nos inspira tanto – ou nos impele tanto – quanto um prazo final. Sobre esse tema, há na língua inglesa um conhecido dito em forma de ironia que pergunta assim: "Você quer para terça, ou quer bem feito?" No mundo do jornalismo, isso até motivou o dito contrário: "Não queremos bem feito, queremos para terça-feira!" Em ambos os casos, o prazo final deixa claro que a qualidade está na pontualidade e na entrega. O sacrifício da perfeição ou do esmero, assim, está atrelado ao valor da terça-feira, que é dia de entregar! A semana tem a expectativa de cumprir e consignar. Seu jeito é macio, aveludado por conta da tal inspiração, mas ela é fruto de demanda, de espera de resultado.

terminar

A arte de terminar é maior do que a de começar porque possui a mesma potência projetiva de um começo, mas acrescida de um senso de limite. O final possui um afeto mais sofisticado, que se dá por envolvimento e vínculo com aquilo que foi criado. Isso não existe no início, onde tudo é dissociado e em construção. Fechar um ciclo introduz a ideia de término mesmo durante o começo de um percurso. Sempre que fazemos um ritual (e essa é sua característica sagrada!), estamos trazendo o "final" de modo a torná-lo presente no ciclo. O sábado e sétimo dia – também de descanso – é a presença do "término" validada e ratificada como parte de um ciclo. O final é o impulso e o clímax de qualquer projeto. Porém, não confunda ciclo com círculo: um não tem nem começo, nem fim; o outro, apesar de ter a mesma representação, é definido exatamente por ter começo e tem fim.

todo

O todo é maior do que o tudo. Pois, além das partes, ele inclui o vínculo entre elas. A vida, o mundo e a realidade são mais a interação das coisas do que as coisas em si. Essa é inclusive a mais frequente miragem que experimentamos: a de que, numa frase, o sujeito parece maior do que o verbo. O sábado, na Criação, teve essa função de não ser mais um dia, o sétimo, mas de provocar um todo no tempo que é a semana. A experiência, por seu tudo, será então sempre finita. O todo, por sua vez, já não tem essa característica, porque ele é suficiente!

tragédia

Tragédia e comédia são exageros pelos quais representamos o drama de viver. A tragédia, no espírito apolínio (*gevurah*), é da ordem da objetividade e do rigor, já a comédia acompanha o espírito dionisíaco (*chessed*) da paixão e da energia. Ambos são exorbitâncias, excessos, e não a verdade (*tiferet*). Mesmo assim, parece haver mais verdade na comédia – que nos leva ao festival e ao carnaval – do que na tragédia, que leva ao tédio e à depressão. E se *non è vero è bene trovato*!!! – a julgar pelo olhar de um folião-festeiro!

transferência (1)

Nossos esforços são autossuficientes para produzir a sensação de sucesso! Porém, em algum momento vamos confundir isso com a competição, e vai nos parecer que o sucesso é a superação do outro e não de si! Daí as "leis do sucesso" dependerem de se suplantar o outro, assemelhando-se a um jogo de pôquer onde derrotar, blefar e enganar são as estratégias! Mas, por trás dessa lei, há uma segunda lei que fica devidamente escamoteada para garantir (que ironia!) que você não perceba que superar a si próprio é que é o verdadeiro sucesso! – perdendo-se assim no labirinto das malícias competitivas. Quão libertador é entender isso! É provável que tal confusão tenha se originado quando, frustradas com essa capacidade que lhes falta (a de superar a si mesmas), as pessoas tenham buscado alguém mais desvalido do que elas para se afirmarem. Vencer os outros, no entanto, tem uma potência ínfima diante de vencer a si próprio. A alegria das crianças advém de não terem perdido esse caminho!

transferência (2)

Às vezes amamos "amar o outro", mais do que de fato o amamos. Essa é uma chave muito importante nas relações. Para atender ao outro, temos que conhecer e aceitar a sua necessidade, e não a necessidade que temos de que o outro necessite disso ou daquilo. Parece confuso, mas é simples como entender quem é o sujeito da ação. Se o sujeito for realmente o outro, então a tendência é sabermos o que o outro precisa e atendê-lo. Mas se o sujeito for você, isto é, se o que você estiver fazendo for para atender à sua preocupação ou à sua ansiedade, muito provavelmente você não estará fazendo para o outro. Fique atento se você ama amar o outro, ou realmente ama o outro. É isso que faz tantos casamentos e tantas relações terminarem!

transformação

Quando as pessoas mudam, elas não conseguem comunicar sua transformação. Em parte, isso se deve ao fato de que se metamorfosear é um processo muito lento, quase imperceptível. A maior razão, porém, é que não é fácil reconhecer-se num novo corpo e num novo ser. Costumamos negar várias vezes esse fato, mesmo quando nosso novo fenótipo espiritual de características físicas e comportamentais já é visível ao outro. Assim, não é raro o outro apontar a mudança antes que nós mesmos a reconheçamos, tal como uma revelação espelhada. Por sua vez, a mudança só será renovada e assumida quando a comunicação da transformação acontecer – porque o mudar só se altera de fato quando o tornamos consciente em nós mesmos. Desse modo, apesar de a essência da mudança ser sua, quem a poliniza é sempre um outro.

trilha (1)

Em vez de seguir os passos do sábio, siga sua própria indagação. Às vezes ficamos tão impressionados com a caminhada notável do sábio que queremos seguir as suas pegadas. Tais rastros, no entanto, não levam a lugar algum, porque toda trilha é pessoal. Podemos até nos inspirar em suas buscas e inquietações e, por outras passadas (as nossas!), chegar ao mesmo lugar ou a lugares semelhantes! Mas o fato é que não há passagem pelo que já foi percorrido, porque a experiência estava justamente no inexplorado. É verdade que a investigação do sábio e sua procura é que marcam o chão com a estética que desejamos imitar, mas... Caminhante, não só o caminho se faz ao andar, como os passos também são maiores do que o caminho! É no passo virgem e inesperado que está a graça e o aprazível do caminho. E o caminho do outro nunca é uma viagem para nós!

trilha (2)

O convencional parece mais seguro porque é o caminho já trilhado; então às vezes saímos do caminho porque isso nos parece um atalho interessante. O princípio, porém, é o mesmo: a comodidade. O problema é que o cômodo acomoda; o normal normaliza; e a condição condiciona! Já a opção pela surpresa, pelo inesperado e pela alternativa capilariza a chance e, até, a sorte. E quando olhamos para a vida que trilhamos, vemos que os lugares mais geniais foram pavimentados pelo inédito, pelo circunstancial, pelo arrojo e pela peripécia; é você realmente fazendo o seu caminho! O caminho não se faz apenas no andar, mas no andar próprio; ele se faz mais no seu jeito do que a partir da vantagem ou da serventia!

turismo

O turismo entendido como ato de se passar por um lugar e pela vida dos outros é um pecado. Porém, andar a pé, estar nos lugares e interagir com as pessoas abre a possibilidade da verdadeira excursão; um é consumo, o outro é aventura. No consumo, não há partilha ou reciprocidade, apenas uso. Em contrapartida, a aventura é uma exposição, a única forma de vivermos situações e experiências. Por isso, tantas viagens terminam em fotos e *selfies* que nunca mais ganham realidade, porque não existiram! São fragmentos de um produto retratado – como nesses sites de compra de roupa, em que você pode olhar o tecido, a parte de trás da roupa, ou como ficaria bem nos modelos. Da mesma forma, nós não somos nós mesmos nessas fotos de "viagens turísticas", mas dublês protegendo o "protagonista" de qualquer eventual perigo no caminho. Já o andarilho, este, é virtuoso e carrega a si pelo mundo afora, conhecendo o mundo e o mundo o conhecendo.

U

ubiquidade (1)

Fazer é a única coisa que não tolera a ubiquidade! Dizemos que não é possível pensar em duas coisas ao mesmo tempo, mas somos capazes de ter segundas intenções, que é o pensamento bastidor de muitos de nossos pensamentos. Isso a ponto de inventarmos um pensamento do pensamento, o tal inconsciente! Quanto ao fazer, não existe essa possibilidade, porque fazer é a sua marca, a sua assinatura no instante presente de sua vida. E não existe um instante do instante. Claro que não estamos falando de duas tarefas ao mesmo tempo, algo que fazemos cada vez mais em nosso modo de vida "ligado", olhos abestalhados de tão abertos como zumbis da atenção dividida. O fazer não é isso, isso é a descrição do fazer pelo não fazer, algo que é possível. O fazer, porém, é um por vez; é autógrafo de sua "pessoalidade" e é o que o faz único! Fazer devagar não é uma dimensão de tempo, mas de presença e de autoria!

ubiquidade (2)

A mente possui funções "café" e funções "chá". As funções "café" são as que demandam concentração, confluência e foco. As funções "chá" são as mais repetitivas e contínuas. Conseguimos fazer ações concomitantes de "café" e "chá", focar e repetir, mas não conseguimos fazer uma dupla com nenhum dos dois. Convergir em dois focos é impossível porque, por definição, eles divergem – do mesmo modo e no mesmo sentido em que não conseguimos pensar em duas coisas ao mesmo tempo. Quanto ao repetir, este é um ato que precisa de sequência; ou seja, ele também não concatena com outras repetições simultâneas, porque só se pode viver um tempo de cada vez. Porém, é possível fazer duas coisas ao mesmo tempo desde que elas sejam "café" e "chá"! O foco é o espaço; o ritmo é o tempo. Podemos ter tempo e espaço acoplados, mas não podemos estar nem em dois espaços (ubiquidade), nem em dois tempos (onipresente).

ubiquidade (3)

A sensação de falta de tempo é estranha. Para sentirmos isso, temos que ter a percepção de que algo ficou de fora, de que algo deveria ter sido feito ou experimentado e não foi. A falta de tempo, portanto, evidencia dificuldades com prioridades. Poderia se argumentar que as prioridades são tantas que não cabem no tempo. No entanto, isso é um engano. O senso de prioridade é exatamente saber elencar o que é importante. Muitas coisas importantes ao mesmo tempo indicam dificuldades de prevalência e de escolha. O que é importante, em realidade, é que um pensamento não pensa em duas coisas ao mesmo tempo. O pensamento é a nascente da escolha, o embrião das premências. Se muitas coisas parecem importantes a ponto de acomodar-se ao seu tempo, revise o que está sendo postergado ou retardado. Ali está a questão de sua carência de tempo. O tempo não é pequeno ou grande, nós é que estamos ou atrasados ou adiantados à nossa história!

último

Há uma malícia no ditado que diz que "quem ri por último, ri melhor". A expectativa dessa última risada é marcada por rivalidade e rixa. Quem está rindo por último está engatado num ciclo violento em que sempre haverá uma última risada para rir melhor! Saia dessa! Essa risada nunca é boa, e só ganha a qualidade de melhor porque é relativa ao outro. Melhor é estar no real do que no imaginário, quando estiver raivoso. Aí... num lugar despretensioso, a última risada é mesmo apenas a de quem entendeu por último!

unanimidade

Dizia Shakespeare: "Há mais coisas entre o céu e a terra do que supõe nossa vã filosofia." O que é "vão" no nosso pensar é que arrazoamos igual, mas a crítica precisa de pensares diferentes. Então, quanto mais algo parecer objetivo, factual, mais significa que pensamos da mesma forma. Parece um paradoxo, mas a unanimidade não nos aproxima da certeza, muito pelo contrário! Por isso precisamos do outro para não sermos loucos! E, de preferência, outros que pensam diferente da gente. Esse é o antídoto à ilusão.

único

A realidade é inteira: não existem partes. Discriminar é oferecer relevância e função, dois elementos que parecem objetivos, mas que são assustadoramente subjetivos! É a "importância" que nos parece ser o eixo organizador de tudo, quando é justamente ela que é parcial. Valorizamos as coisas da realidade e as destacamos do todo. Esse processo é fundamental para nos acharmos no todo e percebemos em nós um sujeito. "Onde está Wally" em meio ao pano de fundo dos itens e elementos da realidade – é essa a ilusória tarefa de se reconhecer.

uno

O conceito de "soma não zero" também existe na divisão. Um exemplo disso é o amor parental que, por mais dividido que possa ser, sempre é inteiro. Os pais podem ter filhos prediletos por razões diversas tais como semelhança e empatia, ou porque eles evocam orgulho em conquistas, ou ainda por sua reputação, e assim por diante. No entanto, o que o filho predileto leva não é um amor diferenciado. Isso é muito difícil de perceber, seja como filhos ou, até, como pais. Porque o amor parental, ele se recompõe inteiro e se regenera na deficiência de orgulho ou de identidade, por preocupação e atendimento àquele que é menos realizador ou vencedor. Ou seja, o que um recebe em apreciação, o outro recebe em desejo de cuidado. Se você observar bem, esses amores sempre terão o mesmo tamanho, mas não porque são divisões iguais, em parcelas idênticas, e sim porque são sempre inteiros. O indivisível é uma propriedade do que é maciço e do que, por natureza, é um todo, uma qualidade; ao invés de um tudo, uma quantidade.

urgência

A gente sempre pensa que o momento de relaxar é no feriado ou nas férias. Ledo engano! O momento de relaxar é quando estamos estressados. É preciso entender que o estresse é a crença na urgência das coisas, e que é justamente na plena rotina que relaxar é fundamental. E como se faz isso? Sorria ou respire; ou siga mais devagar e invente um "SPA" (Sossegue-Propicie-Acalme) e interrompa o encadeamento de ânsias que constituem o estresse. Segunda é o dia perfeito para exercitar o relaxamento!

usufruir (1)

O mais frequente dos equívocos é trocar a experiência pela autoria – o truque de possuir em vez de usufruir, ou de ter no lugar de desfrutar. E não nos damos conta de que essas atitudes são mutuamente excludentes: ao reter, você não consegue dispor, e vice-versa. Isso porque a autoconsciência é um impedimento para a consciência. Ademais, quando o nome se faz mais relevante do que a pessoa e a identidade do que a vida, não ficamos presentes – mas representados. A ausência que nos substitui é então o mais terrível dos truques, porque faz a alma desaparecer e deixa o corpo derradeiramente desamparado!

usufruir (2)

O tempo perdido que você usufrui não é perdido. Não podemos dizer o mesmo da distração, porque há uma diferença entre não fazer nada e se distrair. O primeiro é uma presença; o segundo, uma ausência. Ou seja, o ócio é um envolvimento enquanto se distrair é uma desatenção. Um foca, o outro desvia. E temos que ser cautelosos porque os dois se parecem muito, apesar de terem valores experienciais muito distintos. A distração nos desvia de nós mesmos, e saímos dela subtraídos de tempo e existência. Já o tempo perdido gozado e curtido, este adiciona e expande. Em geral, o grande indício para diferenciar um do outro é perceber quem está no comando. Se o nada é conduzido pelo prazer, é ócio; mas se for para evitar ou prolongar algo, é uma distração. Fique atento: apenas o ócio é biográfico.

útero

Ah... esse mundo dá muita vontade de enterrar a cabeça no chão feito avestruz! Porém, o corpo fica para fora e, além de ficar vulnerável a levar um chute como dano colateral, você ainda será acusado de alienação. A tentativa de voltar ao ventre materno não é uma opção... então haja saúde para existir. Os cangurus e os marsupiais têm algo de muito especial, que é a opção de um *locus* materno exterior. Bela iniciativa adaptativa para permitir umas fugidinhas até que se crie a casca, a pele existencial que não exponha a saúde e a sensibilidade deles às rudezas do mundo aqui de fora! Não é uma proteção fisiológica, mas relativa a quão emocionalmente espinhosa pode ser a realidade! "Mãe!" é o grito que nos permite enterrar a cabeça no colo marsupial e completar nosso desenvolvimento pós-nascimento!

utopia

Imaginar que você pode ir aonde você e mais ninguém jamais foi é a utopia humana de autossuperação. Vivemos o sucesso quando prosseguimos para além do que nós mesmos já desistimos. O sucesso interno de ir além de nossa presente humanidade e realizar feitos de nobreza e generosidade, para além das gratificações imediatas e inseguranças, é a mais sagrada potência humana. Apesar dessas propostas de andar sobre as águas, sobre a insipidez e a instabilidade do que não oferece sustentação, terminar, via de regra, no afundar como uma pedra, é magnífico o esforço dessa tentativa. E quem nela acredita, sim, dá um passo aonde ninguém jamais deu e experimenta o sentimento de sucesso!

V

vago

Ah... o fantástico propósito de nada fazer! Não é ócio, algo pleno em vazio. É, ao contrário, algo banhado em significado! O nada é a sombra de tudo e, portanto, adentrá-lo é circundar-se de totalidade, mergulhando no que é primordial e essencial. Não há outra forma mais profunda de purificação, de descarrego de vontades e deliberações, de julgamentos e intenções. E nada, absolutamente nada, flutua como o nada... em seu movimento horizontal desleixado e em seu curso vertical distraído. Uma viagem sem sair do lugar, carregados ao acaso por um vento que sai de dentro, atraídos por um à toa que fascina!

valor

Entre a fuga e o enfrentamento, há outra via que é o discernimento objetivo do que realmente vale a pena. Talvez demande mais coragem enfrentar a si do que aos outros, passando por cima de honra e expectativas e conseguindo dar meia-volta. A dignidade está mais em honrar a si do que às exterioridades. Integridade é isso: é ser inteiro e não altivo ou orgulhoso. Não são poucas as vezes em que a maturidade se opõe à coragem. A valentia de retroceder não é uma desistência ou uma resignação, mas uma escolha ativa e potente de quem não mais se envolve com o desnecessário. O triunfo de suportar não vencer!

vazio

O individualismo trouxe respeito e direitos ao indivíduo. Mas nesse processo, paradoxalmente, nos esvaziou de nós mesmos. Funciona de modo semelhante ao que ocorre com as coisas: quanto mais queremos ter e de quanto mais tentamos nos apossar, menos possuímos. Assim é com o nosso próprio sujeito: quanto mais assumidos e conscientes de nós mesmos ficamos, mais se esvazia o nosso ser. Não há como preencher-se apenas de si e, assim fazendo, vamos nos arvorando e nos customizando sem perceber que, ao invés de nos afirmarmos, vamos perdendo essência. O individualismo é levar-se a sério demais, é um excesso de importância que passa ao largo do amor. O amor é leve e sóbrio; o individualismo é pesado e intoxicado. A gravidade do individualismo está na ausência de gente dentro dele. E, para ser, não há como evitar "ser menos". Vide os amantes, que precisam de uma baixa densidade de si para poder amar. Preste atenção no seu coeficiente de presença. O abuso da presença nos ausenta!

velocidade

Gerir a vida é uma sintonia fina. A pressa é inimiga de uma série de coisas, mas a rapidez é um atributo. Apesar da vida não ser sobre velocidade, a rapidez no caminho certo é um predicado. O controle, por sua vez, representa uma marcha que está pedindo para você passar para a próxima; significa que a vida está permitindo ou exigindo que você agilize; ou significa que você está pisando no freio enquanto acelera e desperdiçando tempo e energia. Nossas velocidades artificiais – que vêm sendo aplicadas a tudo – estão nos confundindo, e estamos trocando virtudes por defeitos. Velocidade não é ansiedade, e muito menos consumo. É, isto sim, eficiência. Não se apresse, mas vá rápido; não se afobe, mas não durma no ponto. O controle distorce a realidade e, em câmera lenta, faz você trocar frisson e entusiasmo por segurança.

veneração

As pessoas adoram e muitas vezes até veneram o que já sabem. Entretanto, o que não sabemos é a melhor parte de nós, como diz Clarice Lispector. Essa melhor parte não é o que objetivamente não sabemos, mas a prontidão para se perceber inacabado, o convite para ampliar-se diante do diverso e do novo. Acolher e abraçar nossa sombra é descobrir que é sempre melhor e maior a potência do que aquilo que já foi realizado!

verbo

Não há nada para fazer por aqui que não seja "ser" e "tornar-se". Ser é a execução de si e de seu propósito; tornar-se é a transição entre um "ser" e outro "ser". O primeiro é desempenhar a si mesmo; o segundo é variar seu emprego e sua execução. Ocupar-se de suas potências e faculdades, e renová-las em fases distintas da vida, é o sentido mesmo de viver. Nada no campo da posse ou do poder sobre o outro – ou sobre o próprio mundo – é real. O que é material é uma miragem existencial, e não nos sustentamos em sua falsa solidez. Encontrar-se, então, não é possível nem no espaço, nem na localização – apenas em verbo. E os únicos dois verbos que existem e que incluem tudo são "ser" e "tornar-se".

verdade

Não temos como fugir de nossas verdades. O sentido de "verdade", aqui, diz respeito a elementos vivos e reais de nossa pessoa que, contudo, evitamos por diversas razões. São aspectos da nossa vulnerabilidade ou de vergonhas que sentimos – os quais ainda não fomos capazes de elaborar, e com os quais dispendemos grande quantidade de energia ao deles tentar nos evadir. O mais grave é que, exatamente por serem verdades, mais cedo ou mais tarde esses traços da nossa vulnerabilidade irão se manifestar e não serão mais nossos! E, uma vez manifestos sem que tenhamos nos apropriado deles, fatalmente concretizarão os temores e os receios que tínhamos. Se fizéssemos o contrário, ou seja, se tivéssemos falado a respeito e os assumido, eles teriam se tornado nossas próprias verdades e teriam um valor de superação e integridade. Todos conhecemos a dor de uma verdade nossa que se pronunciou antes que a tivéssemos reivindicado e arrebatado. Pedaços de nós que ficam no mundo sem nossa pessoa; pendências por desemaranhar, ausências por resgatar.

vertiginoso

Nada é mais vertiginoso do que se sentir à parte, separado. O sujeito que a consciência faz habitar em nós, por um lado, oferece identidade e soberania e, por outro, nos desconecta da realidade. Nosso sujeito é uma perspectiva, não uma realidade. Podemos utilizar essa ótica para conhecer e usufruir do mundo, mas não podemos cair na tentação de tomar uma visão pelo real. Precisamos constantemente, isto sim, colocar os pés no chão e sentir a força da realidade que emana não de nós, mas de outro centro. Ou, como sugere o poeta em metáfora aquosa: o equilíbrio está em sermos parte e não à parte. Seja labirintite à terra ou mareado ao mar, acordar todos os dias sem perceber-se incluso na realidade, isso é realmente vertiginoso!

vibração

O coração é uma vibração. Tudo que vive vibra, porque é uma oscilação, um ritmo. Como um pêndulo que se energiza à medida que freia; uma energia que se consome, gerando a força potencial que responde por um próximo movimento, um novo momento! Por isso, chamamos o entusiasmo ou a animação de "vibração". O universo vibra e na outra ponta do vasto está o coração – o outro extremo deste pêndulo. O que faz do coração maior do que a fonte é que esta é física, uma agitação, enquanto que aquele vibra com autoconsciência, vibra de emoção. A diferença entre agitação e emoção é a grandeza do coração!

vivência

A realidade é importante, mas não podemos empoderá-la como se fosse um decreto, uma fatalidade. Ela é inegavelmente uma possibilidade, e não aceitar isso é uma fuga ou uma negação. No entanto, existem muitas maneiras de se perceber a realidade, e você tem muitas escolhas de como vivê-la. Quando uma realidade se estabelecer, não fique encurralado pela percepção que o mundo tiver dessa realidade. Ao vivê-la, você terá muitas escolhas e, como sabemos, a experiência é muito mais rica do que uma percepção ou uma concepção. A vivência é mais ampla e permite muito mais do que olhares ou leituras alheias alcançam. Um fato nunca se torna um édito ou um desígnio que nos alija de nossa existência; assim como viver sempre será uma prerrogativa da consciência.

vício

O costume vira hábito, que vira mania, que vira compulsão, que vira obsessão, que vira dependência e que vira adição. Esse processo ocorre em etapas e ficamos dessensibilizados com seu agravamento. Nosso instinto pela busca de pequenas gratificações fica estimulado, e não conseguimos deter nossa reação neural com sinapses que se multiplicam – abrindo caminhos que se alargam e formam avenidas na mesma direção. Programar ou reprogramar esse estado de coisas irá demandar a mesma quantidade de energia e repetição que levou à dependência. Ao fim e ao cabo, não é sobre escolha, já que afinal somos livres, mas sobre perda de escolha. O vício é a antítese do livre-arbítrio, é o arbítrio involuntário. Ninguém tem nada a ver com a sua escolha, mas a humanidade tem a ver com a sua perda de escolha! A crítica se fundamenta na crítica a si próprio, e não poder escolher nos torna acríticos e sem discernimento.

vidro

Certas situações na vida têm propriedades vítreas. Parece que estamos fazendo algo ordinário e habitual, mas estamos correndo grandes riscos de nos queimar. O vidro, no caso, é o imaginário que, com sua natureza reflexiva e refratária, consegue recriar qualquer cenário para atender ao nosso desejo. Quando descobrir algum recurso ou ideia, cuidado para não se defrontar com essa ilusão escaldante!

vínculo

A "solidão juntos" é uma solidão sem esperança! O que determina essa solidão absoluta é justamente a companhia, a convivência sem intimidade. A intimidade amplia a privacidade para além de si; com ela experimentamos nossa pessoalidade mais intensamente do que se estivéssemos sós. Esta solidão acompanhada, no entanto, representa o contrário: ela é uma constante intrusão em nossa pessoalidade e privança. Isso pode chegar a tal intensidade que nos perdemos de nós mesmos e não nos reconhecemos no mundo. A falta de si causada por uma relação é a inversão completa de um vínculo, frequentemente um vínculo que virou uma dependência. E, como um adicto que perde o autocontrole e a autonomia, um solitário em relação sente saudades não de um outro, mas de si próprio!

vingança

A vingança traz a falsa sensação de reequilíbrio da justiça, quando na verdade é uma escalada à violência. A potência maligna de uma vingança reside no fato de que ela é premeditada. Todos os atos, mesmo os que acarretam dor e prejuízo ao outro, contêm algo de involuntário, com exceção da vingança. A desforra nasce não como um ato autônomo; sua essência deriva de outra ação. Por essa razão, nada nela é impensado, irrefletido ou inconsciente. Para além da truculência proposital, o elemento mais tóxico da vingança é o estabelecimento de uma cadeia entrelaçada de maldades que se autojustificam. Nada é mais nocivo do que emoções que se retroalimentam feito parasitas da alma.

vírgula

A vírgula no lugar errado é um atentado ao fluxo e à naturalidade, porque a comunicação é a arte de entender e de se fazer entender. Há muitas formas propositais de ser paradoxal, hermético, enfático etc. Utilizar figuras de linguagem, por exemplo, é uma delas – entre tantas outras. No entanto, todos esses recursos têm a função de promover a comunicação e não de dificultá-la. Do mesmo modo, não pode haver perda no curso ou no transcorrer do tempo de um discurso. Uma parada indevida pode ser como uma topada inesperada que corrompe o que vem antes ou o que vem depois, produzindo um "conto interrompido". Isso também ocorre para além da escrita! Na fala, por exemplo, a pausa mal aplicada modifica a escuta, congelando o cérebro com soluços cognitivos. Já na ação, a "vírgula" representa a hesitação e a perda de elã, coisa que desengaja. A pausa não é um elemento isolado, mas parte integrante do fluxo!

virtude

Impaciência, santa impaciência! Pois não é que a conformidade aos diferentes contextos tem o seu preço e valor?! Por exemplo: pior que a impaciência é a procrastinação! Mas não há iniquidade que, em dada condição ou circunstância, não possa se tornar uma virtude. Pode até ser a "pior" virtude, mas ainda assim é um predicado.

Dizendo de outro modo, a ira pode ser minha pior virtude em certa conjuntura, mas não em outra. O mesmo vale para a preguiça, a luxúria, a avareza, a inveja ou a soberba. Não se trata de mera relativização: a poetisa, também ela, mantém a consciência de sua "pior virtude" – ainda que não renuncie à sua sensibilidade e inteligência para arrazoar e ser autônoma. Regras morais não nos liberam do livre-arbítrio!

visão

Desfazer uma ilusão nos oferece não apenas a aproximação com o que é real, mas também nos permite compreender a ótica de nosso engano. Uma verdade é pontual; porém, conhecer os desvios e as refrações que a vida sofre ao adentrar a influência "gravitacional" de nosso sujeito e olhar, isso é universal. É assim que decodificamos um mecanismo e ganhamos maior autonomia. Portanto, não perca tanto tempo atrás das verdades; seu lucro será exponencial se conseguir desativar várias de suas ilusões. Ganhar visão é maior do que ver, e crescer é maior do que entender!

visibilidade

Ser invisível ou transparente pode ser uma estratégia de sobrevivência. Ou seja, em tempos em que estamos todos comprando o conceito de "apareça ou morra", pode ser um olhar diferente. Não se interpor a tudo pode ser extremamente benéfico, atraindo a paz para si. A visibilidade excessiva muitas vezes o expõe em momentos em que você não tem nada a dizer ou a oferecer. Nesses momentos, se você não pode morder, por que mostrar os dentes? A discrição e o silêncio podem fazer de você alguém muito mais presente e notado do que a tentativa de ocupar espaço, ou atenção, quando não tem o que mostrar! Muitas vezes, menos é mais! – mas às vezes ficamos com o ônus inerente ao mais e perdemos o bônus inerente ao menos!

visível (1)

O mais incrível deste mundo não é invisível, mas visível; não é o inventado, mas o manifesto. Somos traídos pelo deslumbre com nossa imaginação. A possibilidade de engendrar a mágica e o irreal dentro de nosso pensamento é como uma miragem. Ela nos impede de perceber que as coisas do mundo já são tão bizarras e diversas que teríamos dificuldade em imaginá-las. Vejam que quando imaginamos seres de outros planetas, somos paupérrimos em nossa criatividade se comparada à da natureza. Os ETs certamente não serão como nossa ficção científica os prevê e elabora. Veja o que há no mar ou no universo dos insetos, ou mesmo dos micróbios! Quem imaginaria isso? O visível é gigante e, no entanto, ficamos buscando maravilhamento no que é esotérico e no que é oculto. Pois assim deve começar a semana: com o despertar para o inacreditável sonho de uma segunda-feira.

visível (2)

A semelhança entre o invisível e o não existente é assombrosa! Por isso, certas coincidências, sincronicidades ou premonições nos arrebatam tanto. Por um lado, pensamos que pode ser apenas imaginação, mas sempre pode ser também uma manifestação do invisível. É aí que as naturezas se diferenciam, e muito! – porque o invisível é plenamente existente. O invisível existe entre aspas, mas pertence ao que é real. Conhecemos bem o medo que causa arrepio e frio na espinha, ou o medo de fronteiras, sombras e silhuetas. E quando percebemos apenas o perfil ou o contorno de algo, ficamos logo reféns da imaginação, território onde o invisível e o inexistente se confundem. A saída é se afastar da esfera da imaginação e reverter o pensamento. Ao refletir, você faz distinções entre o invisível e o inexistente, porque o inexistente não reflete, mas o invisível, sim!

vítima

Há duas formas de reagir à agressão e à injustiça: 1) tornar-se uma vítima ou 2) um sobrevivente furioso! Desde criança, nos defrontamos com desafios e temos que fazer essa escolha. O choro da criança ou a reclamação do adulto apontam para a condição de vítima. Claro que existem choros legítimos, seja por dor ou incômodo, e reclamações pertinentes. No entanto, frequentemente pensamos que nossa dor é única e especial, e buscamos a vitimização: a reivindicação cósmica de que somos o centro do mundo. Essa psicose, ou perda de contato com a realidade, não admite dividir tal condição com qualquer outra. O aparecimento de um outro desmonta a armadilha de que somos especiais e, como um espelho, revela a ilusão de sermos singulares ou superiores. Feridos por essa revelação, perdemos o lugar da vítima. O valor do sobrevivente furioso está em que, por meio de sua indignação, ele pode modificar o mundo e livrá-lo da violência sofrida.

vitimizar

Conhecer nossas emoções é fundamental. Nossa civilidade nos treina para que as dissimulemos não só dos outros, mas também de nós mesmos. É claro que não devemos executar todas as emoções, mas devemos acolhê-las e identificá-las. A frustração, em particular, parece despertar em nós um desejo de se vitimizar, substituindo assim a verdadeira vontade de vitimar, ou seja, de desferir a nossa raiva contra o outro ou contra a própria vida! No entanto, só é possível sublimar os sentimentos que acolhemos. Fugir deles, ao contrário, faz com que se manifestem em outro momento ou circunstância, porque eles não foram dissipados, mas aprisionados. Não tema a raiva; tema apenas a raiva não sentida!

voar

Pássaros nascidos em gaiolas pensam que voar é um desajuste; nada incomoda tanto aos engaiolados do que os voos alheios.

O ato de voar significa passar por cima da horizontalidade das coisas, motivo pelo qual trazer o olhar vertical ao mundo parece demasiadamente disruptivo, porque desalinha ordens consecutivas e ordinárias. A possibilidade de saltar etapas e convenções só é possível a quem faz uso de outra dimensão. E é insuportável lidar com as decolagens de outros para quem não sabe voar. Isso acontece porque, apesar de sermos da mesma espécie, para um humano voar ele precisa ter asas. E isso não se ensina: ou você veio ao mundo com elas, ou ficará invejando aqueles que nasceram alados. A boa e reversível notícia é que todos nascemos com alguma ponta de asas. Tal como a cauda que perdemos (que o cóccix representa), a escápula é a anatomia do que um dia ainda pode se fazer possível.

vontade (1)

Aprender com os erros não nos impede de repeti-los, e isso pode parecer uma incongruência. Se aprendeu, por que os repete? Porque entender é racional, e a razão não consegue anular a vontade. Para cancelar uma vontade, só outra vontade. O fato de aprendermos com os erros estando prontos para cometê-los novamente, então, é perfeitamente explicável. A questão é saber como podemos gerar outra vontade capaz de revogar a anterior. A civilidade é mesmo a arte de inventar vontades!

vontade (2)

Nada é mais poderoso do que uma mente decidida. A decisão é a manifestação da vontade que, por sua vez, é a *anima mundi*: a convocação das emoções focadas em um único desejo. Um ser humano com vontade pode fazer coisas que ele e os outros imaginariam impossíveis. Esse superpoder é a maior força de nosso ser. Ela é chamada informalmente de força de vontade, e nada se compara a ela! Resiliente, ela responde pela identidade e pela persona de seu autor. É a força da vida que produziu um propósito, o cometimento de um querer.

A kryptonita, o mineral que enfraquece o Superman, é a hesitação ou a incapacidade de formular uma vontade. Preze por suas vontades porque nelas está o seu poder, seu superpoder! Siga-as e, de vontade em vontade, você manifestará a si e a vida!

voz

A nossa voz é um meio e deve guardar essa sua natureza. Quando ela é um fim, só pode ser ouvida através do convencimento. E convencer a distorce, fazendo com que o não ouvido torne-se a intenção principal – uma vez que é justamente a intenção que suprime a voz, sempre falando mais alto! Ser escutado depende muito de aceitar a sua voz não ouvida. É ela que legitima e faz sua voz audível. Quando você é fiel e explícito em relação à sua intenção e ao seu fim, aí sim a sua voz pode ocupar o devido lugar, que é ser um meio! O resto é convencimento.

vulgar

Um mundo de pessoas pouco interessantes é uma ameaça real de nosso tempo. Todas as pessoas são, por definição, interessantes, porque são únicas. No entanto, somos constantemente submetidos a uma sociedade que, massificada, nos desumaniza pela mesmice, pelo convencional e pelo superficial. As cidades hoje em dia têm as mesmas lojas, os mesmos produtos; e quase nada provém de artesãos e artistas, mas de moldes e artificialidades. Os gostos, os visuais e as fragrâncias não provêm do diverso, e sim do *franchising*. Então, nada mais curioso atualmente do que a inversão da razão de "beber": até então, a bebida era um artifício para suportar a si mesmo e se sentir mais livre. Era, portanto, um recurso para se lidar com o tédio e a solidão. Hoje é o contrário: num mundo de zumbis, de pessoas que dizem a mesma coisa ou, quando muito, dizem o contrário da outra, beber pode ser um truque para tornar as pessoas mais interessantes. Num mundo assim, a sobriedade é insalubre!

vulnerabilidade

Na verdade, o maior poder de qualquer pessoa é a sua vulnerabilidade. Ser vulnerável não é ser fraco, muito pelo contrário! A vulnerabilidade é quando você é objetivo diante de suas limitações e fragilidades, e as acolhe. O mais comum é fingir que se é uma fortaleza subjetiva, influenciada por imagens e fantasias acerca de si mesmo. Abraçar suas vulnerabilidades não é para qualquer um. A vulnerabilidade é como a flexibilidade, que resiste a fortes intempéries – daquelas que os rígidos quebrariam facilmente. Nosso melhor ideal de resgate é sempre correr para o colo de outro vulnerável que, como nós, saiba dançar com a vida! Pois os que não choram, os que não conhecem a insólita leveza do ser, estes vivem profundamente ameaçados! Só um vulnerável pode alcançar a maturidade.

ÍNDICE

A - 11

Ação
Acidental
Agendas
Alegria
Alienação
Alma
Alteridade
Ambiência
Amigo
Amizade
Amor
Anarquia
Ancestralidade
Ângulo
Antecipação
Apego
Aperfeiçoar
Apocalipse
Apreciar
Aprendizagem
Arte
Arrependimento
Arteiro
Assertividade
Assertivo
Atalho
Autobiografia
Autonomia
Autoengano
Autoridade

B - 27

Bajulação
Barco
Barreira
Bases
Beleza
Belo
Bem
Bênção
Berro
Bifurcação
Bloqueio

Bom gosto
Borboletas
Breve
Brincar

C - 35

Cabeça
Calmaria
Caminhos
Caos
Cárcere
Casa
Casamento
Caseiro
Cegueira
Cenas
Centro
Certeza
Céus
Ciclos
Combustível
Comoção
Competição
Competir
Comprovação
Condicional
Confiança
Consciência
Consentir
Conspirar
Constante
Contentamento
Continência
Controle
Convencimento
Convicção
Cooperar

Cordel
Cores
Correção
Corrigir
Criança
Criar
Criação
Criatividade
Crítica
Cuidado
Cuidar
Culpa

D - 57

Dançar
Decepção
Decisão
Deixar
Desafetação
Desajuizado
Desapego
Desapontamento
Desatento
Descanso
Descolar
Desconversar
Desculpa
Desejos
Desigual
Desinformação
Desistir
Desobediência
Desperdício
Despertar
Destaque
Destino
Deus

Diferença
Dinheiro
Disciplina
Distância
Distração
Divindades
Domingo
Dor
Dormir
Dubiedade
Duplicidade
Durações

E - 75

Efêmero
Elogio
Emendar
Emoção
Empreendimento
Encontro
Enfrentamento
Enigma
Enredo
Ensinar
Entendimento
Entregar
Epílogo
Erótico
Escolhas
Espaço
Espelhar
Escrever
Escrita
Espanto
Especial
Espelho
Espera

Esperança
Essência
Estabilidade
Estagnar
Estranhamento
Estranhar
Estranho
Estudo
Estupidez
Esvaziar
Ética
Evitar
Evolução
Exagero
Existência
Expectativa
Experiência
Experimentar
Explicação
Exposição
Expressão
Exterior

F - 97

Faculdades
Falação
Falas
Falso
Falta
Falhas
Família
Fantasia
Fé
Feio
Felicidade
Fidelidade
Finalidade
Finitude

Fingir
Flexibilidade
Focado
Foco
Fofoca
Fogo
Fome
Força
Formação
Fração
Fragmento
Fraqueza
Fronteiras
Fugir
Futuro

G - 111

Gaiola
Gargalhada
Garra
Gasolina
Generosidade
Genialidade
Gênio
Gente
Gentileza
Gestual
Gnose
Gosto
Gozador
Graça
Gramática
Grandeza
Gratidão
Gratificação
Gratuidade
Gravidade
Guinada

H - 123

Habitual
Hálito
Hesitação
Hipótese
História
Hoje
Honestidade
Honra
Honrar
Horizontal
Horizonte
Horizontes
Humanidade
Humano
Humildade
Humor

I - 133

Identidade
Ídolo
Ignorância
Igual
Igualdade
Ilusório
Imaginação
Imaginar
Imaginário
Imobilidade
Impacto
Impermanência
Importância
Improvável
Improviso
Inadequação

Indivisibilidade
Inebriado
Infância
Inimigo
Inocentes
Insultos
Inteligência
Interdependência
Intimidade
Invasão
Inveja
Invenção
Inventar
Invisível
Ironia
Irracional
Isenção

J - 151

Já
Janela
Jocosidade
Jogar
Jornada
Jovialidade
Juízo
Julgamento
Justificação
Juventude

L - 159

Lágrima
Latência
Legado
Leveza
Liberdade

Libertário
Licença
Limites
Linguagem
Literalidade
Livrar
Localizar
Longe
Longevidade
Loucura
Lucidez
Lúdico

M - 169

Mãe
Mal-estar
Malícia
Materialidade
Maternidade
Maravilhamento
Matar
Maturidade
Meios
Melhor
Mente
Mentira
Mestre
Milagres
Misoginia
Miudeza
Modelo
Moléstia
Momento
Morte
Motivação
Mudar
Musculatura
Música

N - 183

Nada
Namorar
Namoro
Narcisismo
Narrativa
Natureza
Navegar
Necessário
Necessidade
Noite
Normal
Normalidade
Nostalgia
Novo
Nudez
Nuvem
Nuvens

O - 193

Observar
Óbvio
Ócio
Ocultamento
Ódio
Ofertar
Olhos
Opinião
Oportunidade
Oposto
Ordem
Organizar
Orientar
Oscilação
Ótica
Outro

P - 203

Paciência
Pai
Paixão
Palavra
Palpite
Par
Parceiro
Parcialidade
Paternidade
Paz
Pena
Pendências
Pendurar
Perdão
Permanência
Perspectiva
Plasticidade
Poesia
Poetas
Portas
Posse
Possuir
Postura
Precisar
Preço
Preocupação
Presente
Pressa
Priorizar
Privacidade
Privilégio
Problemas
Processos
Procrastinar
Professor
Projeto
Proporcionar

Propriedade
Protagonismo
Pudor

Q - 225

Qualidade
Quantidade
Quarta
Quebra-cabeça
Queda
Queimar
Querença
Querer
Questão
Quicar
Quimera
Quinta

R - 231

Raiva
Razão
Reação
Reagir
Real
Reclamar
Redundância
Refazer
Rejuvenescer
Relação
Relevância
Repentino
Resistência
Responsabilidade
Responsável
Ressentimento
Reto
Reunião

Reverência
Reverso
Rir
Riso
Risco
Ritmo
Ritual
Romper
Rotina

S - 245

Sabedoria
Saber
Sabor
Sagrado
Saída
Sal
Segunda
Semelhanças
Sempre
Sentir
Ser
Seriedade
Sexta
Silêncio
Simetria
Simples
Simplicidade
Sinceridade
Sinfonia
Sobre-humano
Sobrevivência
Sobreviver
Solitude
Sombras
Sono
Sorte
Subjetivo

Sublimar
Sujeito
Superfície
Supérfluo

T - 261

Talento
Tapar
Tarefa
Tecnologia
Tédio
Telas
Temor
Temperança
Tempero
Tempo
Ter
Terça
Terminar
Todo
Tragédia
Transferência
Transformação
Trilha
Turismo

U - 273

Ubiquidade
Último
Unanimidade
Único
Uno
Urgência
Usufruir
Útero
Utopia

V - 279

Vago
Valor
Vazio
Velocidade
Veneração
Verbo
Verdade
Vertiginoso
Vibração
Vivência
Vício
Vidro
Vínculo
Vingança
Vírgula
Virtude
Visão
Visibilidade
Visível
Vítima
Vitimizar
Voar
Vontade
Voz
Vulgar
Vulnerabilidade